湖南省科技厅重点研发计划（2016SK2086）资助

新农村建设中农村人力资本培育途径研究：以湖南省为例

高升 著

吉林大学出版社

图书在版编目（CIP）数据

新农村建设中农村人力资本培育途径研究：以湖南
省为例／高升著. —长春：吉林大学出版社，2019.1
ISBN 978-7-5692-4111-2

Ⅰ. ①新… Ⅱ. ①高… Ⅲ. ①农村-人力资本-研究
-湖南 Ⅳ. ①F323.6

中国版本图书馆 CIP 数据核字（2019）第 008824 号

书　　名　新农村建设中农村人力资本培育途径研究：以湖南省为例
　　　　　XIN NONGCUN JIANSHE ZHONG NONGCUN RENLI ZIBEN PEIYU TUJING
　　　　　YANJIU：YI HUNAN SHENG WEI LI

作　　者　高　升　著
策划编辑　李伟华
责任编辑　李伟华
责任校对　王佳音
装帧设计　周香菊
出版发行　吉林大学出版社
社　　址　长春市人民大街 4059 号
邮政编码　130021
发行电话　0431-89580028/29/21
网　　址　http：//www.jlup.com.cn
电子邮箱　jdcbs@jlu.edu.cn
印　　刷　吉林省优视印务有限公司
开　　本　787mm×1092mm　1/16
印　　张　6.5
字　　数　120 千字
版　　次　2019 年 1 月　第 1 版
印　　次　2019 年 1 月　第 1 次
书　　号　ISBN 978-7-5692-4111-2
定　　价　38.00 元

目录

摘　要

　　加强农村人力资本培育是实现我国人才强国战略目标的客观要求，对于发展现代农业、促进农村经济增长和培育新型农民均具有决定性意义。本文以湖南省为例，从正规教育、就业培训、医疗保健、迁移就业这四个方面研究农村人力资本培育的途径，旨在提出目前促进农村人力资本培育的可行对策。

　　作者采用规范研究与实证研究相结合、实地调查、计量经济模型的方法来开展研究。在文献综述的基础上，按照"理论分析—现状描述—实证研究—效果评价—政策建议"的行文思路，主体研究内容包括7个部分。第一部分系统研究农村人力资本培育的有关理论。第二部分对农村人力资本培育现状进行分析。第三部分为基于失学子女的视角研究农户投资正规教育行为。第四部分为农户参加技术培训行为研究。第五部分为农户外出务工决策行为研究。第六部分为基于新农合的农村人力资本医疗卫生投入行为研究。第七部分对湖南农村人力资本对经济增长的作用评价。

　　研究发现：第一，农户子女失学的原因主要是子女自身对教育重要性的认识差、农户家庭经济能力低、父母教育观念落后。第二，农户是否参加培训与农户年龄、当年农户家庭纯收入、农户耕地面积这三个因素呈负相关关系，与农户受教育程度、对培训实用性评价、获取培训信息渠道数这三个因素呈正相关关系。第三，农户外出务工决策与农户受教育程度、家庭劳动力人数、平均工资比较呈正相关关系，与家庭就读子女数、家庭人均收入呈负相关关系。第四，参合对农民两周就诊率、对改善不同收入组的就诊率、对降低最低收入组和最高收入组的患病未就诊率均有明显的促进作用。第五，农村人力资本积累、经济增长和城乡收入差距三个变量之间存在协整关系，即存在长期均衡关系。

　　研究建议：第一，促使农户加大正规教育投资，要严格控制农村生育率，加强教育重要性的宣传，继续实施农村义务教育的优惠政策，降低农户子女受教育成本。第二，加强农村技术培训工作，既要就培训时间、培训地点、培训技术实用性等方面内容进行先期沟通，又要提高农村信息化水平来提高农民获取信息的渠道数。第三，激励农户迁移就业，要通过对农民工户籍制度、购房制度、医疗保险、子女教育等方面制度创新，降低其在外地的生活成本，同时要加大对农村留守儿童教育的投入，减少农民外出务工的后顾之忧。第四，在新农合实现全覆盖的基础上，增加参加新农合的农民人数，提高参合率，同时，建立起新农合和医疗救助两个制度联合机制。

第一章 导 论

1.1 研究背景

在知识经济的今天，经济增长的主要决定因素已经不是土地等自然资源，人力资本已经成为最重要的经济增长要素和发展基础。一国农业经济的落后，并不仅仅是由于自然资源贫乏或资本积累不足，农业劳动力素质低下才是决定性因素。要实现我国农业农村经济的持续增长，必须要加强农村人力资本的投资。舒尔茨（1987）曾从人力资本的角度指出，发展中国家农业发展的根本出路是向农业供应新的生产要素即技术和知识。他认为："为了生产丰富的农产品，要求农民获得并具有使用有关土壤、植物、动物和机械的科学知识的技能和知识……使得这种改造成为可能的知识是一种资本的形式，这种资本需要投资——不仅体现了部分知识的物质投入品投资，而且重要的是向农民投资"[1]。大量研究和实践表明，发展现代农业必须依靠一大批热爱农业、具有较高文化和科技素质，并以农业为毕生事业的高素质农业劳动力。

但是，我国农业劳动力素质低下，农村人力资本积累水平低，这是我国小农经济的基本农情。单从受教育情况来看，根据 2017 年国家统计局公布的第三次全国农业普查的数据，农村劳动力资源中，未上过学的，占 6.4%；小学文化程度，占 37.0%；初中文化程度，占 48.4%；高中文化程度，占 7.1%；大专及以上文化程度，占 1.2%[2]。这表明，我国农村劳动力中，初中以下文化程度的仍高达 91.7%，高中及以上文化程度的仅占 8.3%。中国社科院发表的 2009 年《人口与劳动绿皮书》指出：现阶段城乡劳动者受教育水平具有较大差异，利用 2005 年 1% 人口抽样调查微观数据，16 岁及以上农村劳动力中，51%的人仅受过小学及以下教育，41%的人受过初中教育，8%的人受过高中教育，仅有不到1%的人受过大专及以上教育；城市劳动力中，25%的人受过小学及以下教育，39%的人受过初中教育，22%的人受过高中教育，13%的人受过大专及以上教育；总体来看，城镇劳动力的平均受教育年限为9.38年，农村劳动力为6.80年，也就是说，城镇劳动力接受过初中再加0.38年的高中教育，农村劳动力仅接受过小学再加0.8年的初中教育[3]。

我国政府重视农村人力资本培育，开始于农村劳动力转移培训工作。早在2003年，国务院办公厅就下发了《2003—2010年全国农民工培训规划》，对农民工培训工作做了全面部署。自2004年开始，农业部、财政部、劳动和社会保障部、教育部、科技部、建设部共同组织实施农村劳动力转移培训阳光工程。2005年党的十六届五中全会上，我国提出要培养造就千千万万高素质的"有文化、懂技术、会经营"的新型农民，推进社会主义新农村建设。自此后，农村人力资本培育工作被提高到一个更重要、更全面的水平予以重视。2006年农业部和财政部联合组织实施了新型农民科技培训工程，与此同时，各地组织实施了大量的农民培训项目，加大了对农村劳动力的教育和培训工作。

2010年5月，中央召开了全国人才工作会议，随后颁布了《国家中长期人才发展规划纲要（2010—2020）》（以下简称《纲要》）。该《纲要》提出了人才强国战略目标，指出要围绕社会主义新农村建设，以提高科技素质、职业技能和经营能力为核心，以农村实用人才带头人和农村生产经营型人才为重点，着力打造服务农村经济社会发展、数量充足的农村实用人才队伍。

2017年中央一号文件《关于深入推进农业供给侧结构性改革 加快培育农业农村发展新动能的若干意见》中指出，开发农村人力资源应重点围绕新型职业农民培育、农民工职业技能提升，整合各渠道培训资金资源，建立政府主导、部门协作、统筹安排、产业带动的培训机制、探索政府购买服务等办法，发挥企业培训主体作用，提高农民工技能培训针对性和实效性。优化农业从业者结构，深入推进现代青年农场主、林场主培养计划和新型农业经营主体带头人轮训计划，探索培育农业职业经理人，培养适应现代农业发展需要的新农民。鼓励高等学校、职业院校开设乡村规划建设、乡村住宅设计等相关专业和课程，培养一批专业人才，扶持一批乡村工匠。

目前，我国总体劳动年龄人口中有一半以上是农村劳动力。我国未来劳动力的供给主要来自农村。因此,加强农村人力资本培育对于实现我国人才强国战略目标,具有决定性意义。另一方面,当前我国农业经济进入了新的发展阶段,农业工业化、信息化和农村城镇化进程加快,全面推进农业现代化急需大量高素质的农业劳动力参与。发达的农业要求有更高素质的劳动者务农。因此,加强农村人力资本培育工作,是加快推进农业现代化、促进农村经济增长的必然要求。

1.2　研究目标与意义

研究目标:理论上研究农村人力资本内涵、特征及其培育途径;以湖南省为例,分析农村人力资本现状及问题,实证研究农户接受正规教育、参加就业培训、参与合作医疗,以及是否迁移就业的决策因素,评价人力资本对农村经济增长的促进作用,进而从这四方面提出培育农村人力资本的路径及对策。

研究意义:第一,本研究从正规教育、就业培训、医疗保健、迁移就业这四个方面来构建实证模型,研究农村人力资本培育的途径。这是舒尔茨和贝克尔的人力资本投资研究框架。应该说,这种应用研究思路比较全面而深入。目前国内的应用研究多是从农村人力资本"积累—投资—收益"这三个维度或其中某一个方面来进行研究。因此,本研究在理论上具有一定的补充价值。第二,我国长期以来在公共教育、公共卫生领域实行的是城乡二元政策,造成城乡居民在生存与发展机会的不平等,在一定程度上导致农户发展能力相对不足。本研究有助于推动农村义务教育和医疗卫生保健的改革。第三,本文对城乡迁移就业、农民就业培训的研究,有助于解决我国农村剩余劳动力转移和消化问题,有助于解决我国农民工相关问题。第四,由于农村人力资本是影响农业经济增长、新农村建设和农户增收的重要变量,因此,本研究对于破解"三农"问题具有重大意义。最后,本书以湖南省为样本,因此,本研究对于湖南省培育农村人力资本具有直接的指导意义。

1.3 国内外文献述评

1.3.1 人力资本理论形成与发展

早期经济学家，如威廉·配第（William Petty）、亚当·斯密（Adam Smith）、阿弗里德·马歇尔（Alfred Marshall）等就有关于人力资本思想的阐述。譬如，亚当·斯密（1776）在他著名的《国富论》一书中指出：在社会的固定资本中，可提供收入和利润的项目，除了物质资本外，还包括社会上一切人民学得的有用才能[4]。虽然斯密没有明确地提出"人力资本"这一概念，但他把人们通过学习获得的知识当作一种能够得到回报的资本。之后，马歇尔（1890）指出"所有的投资中，最有价值的是对人本身的投资"[5]。他强调教育和培训对个人和国家的经济价值，认为对人力的投资是创造物质生产财富的重要手段。还有其他一些经济学家从相关的研究领域中触及"人力资本"这一概念。比如，德国经济学家弗里德里希·李斯特（Freidrich Liszt，1841）区分了"物质资本"与"精神资本"这两个概念，并强调教育、科学对一国经济发展的促进作用[6]。欧文·费雪（Irving Fisher，1906）在对资本的定义中指出累积的人类工作能力可以在与物质资本同样的意义上被视为一种资产[7]。

到20世纪50年代末和60年代初，人力资本理论在舒尔茨（Theodore W. Schultz）、加里·贝克尔（Gary S. Becker）、雅各布·明塞尔（Jacob Mincer）等的开创性研究下终于确立并逐步形成。此后，人力资本问题研究就被区分为了两个不同的研究体系。一个是以舒尔茨、丹尼森（Edward F. Denison）为代表的人力资本经济增长论，它是从人力资本作为经济增长的决定因素这一角度来研究的；另一个是以明塞尔和贝克尔为代表的人力资本收入分配论。这一理论是把人力资本作为决定收入分配或工资结构的因素来研究的。

西奥多·舒尔茨首次明确提出人力资本概念并把其视为经济增长决定因素来分析[8]。他从长期对农业经济问题的研究中发现，从20世纪初到50年代，促进美国农业生产量迅速增加和农业生产率迅速提高的重要因素已不是土地、劳动力数量和资本存量的增加，而是人的知识、能力和技术水平的提高。在舒尔茨看来人力投资是经济增长的一个基本因素，而且投资数量的多少是经济增长的关键。在所有人力资本投资的范围中，舒尔茨重点研究了教育性人力资本投资，明确提出教育更具有经济性，主张把教育当作一种对人的投资，把教育所带来的成果当作一种资本。丹尼森用实证方法为舒尔茨的观点提供了最为有力的证明和补充。后来，阿罗（K. J. Arrow, 1962）将技术进步内生化，认为技术进步主要来自经历，即通过"干中学"或在职培训获得的，人力资本对经济增长的贡献主要表现在劳动效率的提高上[9]。

加里·贝克尔从家庭和个人的角度出发，做了许多开创性研究工作，奠定了人力资本理论的微观经济学基础。贝克尔认为人力资本的投资主要是教育支出、保健支出、国内劳动力流动的支出或用于移民入境的支出等。他认为人们将根据其对收益和费用的计量来决定对教育、培训、医疗等投资的增减。他运用新古典经济学方法提出了一套较为系统的人力资本理论框架，构建了人力资本投资-收益的均衡模型，即在给定的人力资本投资成本和收益时，个人获得人力资本这种劳动所得能力的活动将面临最优化问题[10]。明塞尔提出人们受教育水平的提高即人力资本投资，是个人收入增长和收入分配差距的根本原因。他系统地阐述了人力资本及人力资本投资与个人收入及其变化之间的关系，建立了个人收入与其接受培训量之间相互关系的数学模型，从收入分配领域对人力资本理论作了诠释[11]。

随着人力资本理论研究的深入，到了20世纪80年代，罗默（P. M. Romer）、卢卡斯（R. E. Lucas）等人将其发展成新经济增长理论。由此，人力资本理论也向更广泛的研究领域拓展，成为经济学的多门分支学科。罗默（1986）继承了阿罗的思想，提出了完全内生化技术进步的经济增长模型，认为长期经济增长主要是由知识积累推动的[12]。卢卡斯（1988）提出了一个专业化人力资本积累增长模式的模型，该模型揭示了人力资本增值越快，则部门经济产出越快；人力资本增值越大，则部门经济产出越大。卢卡斯通过将人力资本内生于增长模型之中，提示了人力资本与技术进步及经济增长之间的关系。他认为，人力资本变化率代表技术进步率，它取决于现有人力资本水平和从事人力资本建设的时间，而教育是人力资本形成的最佳途径[13]。

总之，国外学者大致沿着四个方面的内容在深化人力资本理论研究：第一，人力资本的内涵；第二，人力资本对经济增长的贡献；第三，人力资本投资收益的测算；第四，人力资本对个人收入分配的影响。

1.3.2 国内外应用研究

随着人力资本理论研究的不断深化，相关的应用研究尤其是在农村经济中的应用研究日益广泛，有关农村人力资本的研究文献很多。这里所综述的，主要是近年来在国际国内权威刊物上发表的相关学术论文。

（1）人力资本与农村经济增长、农民收入的关系

大部分研究证明了人力资本对经济增长具有积极的促进作用[14]。但是也有一些实证研究的结果表明，人力资本对农村地区产出的作用不显著，甚至有时起负向作用[15-16]。郑会军（2007）对湖北省农业经济增长与农村人力资本投资的 Granger 因果关系检验结果表明：随着滞后期的加长，农村人力资本投资对于农业经济增长具有较强的预测能力，存在明显的外溢作用；而且在较短一段时期内，农业经济增长则是促进农村人力资本投资的重要的 Granger 原因[17]。丁冬（2010）运用新经济增长模型研究指出：我国农村人力资本存量的产出弹性远远高于物质资本的产出弹性，但对农村经济增长的贡献率却大大低于物质资本的贡献率；贡献率低的原因在于农村人力资本存量的增长率很低；人力资本存量取决于农村人力资本投资的力度和劳动力流动过程中人力资本流失的情况，其大小直接制约着农村经济的发展[18]。

人力资本投入能增加农民收入[19]。那么，人力资本是通过什么机制来影响收入的呢？Hayami 和 Ruttan（1971）认为人力资本是解释劳动生产率差异的一个重要因素，假定土地、资本和劳动力数量不变，提高劳动力的教育和健康水平，则劳动生产率可以大幅度提高[20]。Behman（1990）的研究支持上述论断，认为人力资本首先影响劳动生产率，然后对收入提升产生影响[21]。事实上，人力资本与农民收入之间并不是单向影响关系，农民收入也会对人力资本产生影响。张茜（2007）构建 VAR 模型与脉冲响应函数，研究了人力资本与农民收入二者在长期内的相互影响过程和作用效果，得出了两点结论：一是农民人均纯收入受滞于各期农民收入和农村人力资本的共同影响；二是农村人力资本积累在短期内依赖于农民收入的提高，从长期来看农村人力资本积累更依赖于教育本身[22]。张向达，李宏（2010）实证研究发现，收入水平对我国农村家庭人力资本投资需求有直接和显著的积极影响[23]。

（2）农村人力资本投资及形成路径

早在 1987 年贝克尔就提出，对于人力资本的投资是多方面的，主要是教育支出、保健支出、劳动力国内流动的支出或用于移民入境的支出等，他特

别强调了"在职培训"在人力资本形成中的重要性[24]。舒尔茨（1992）将人力资本投资确定为五类：医疗保健、在职人员培训、正式建立起来的初等中等和高等教育、不是由企业组织的为成年人举办的学习项目、个人和家庭用于变换就业机会的迁移[25]。有些从培训的角度指出，农村人力资本培训结构由农业专业知识和技能培训、转移就业技能培训、在岗技能培训、农村预备劳动力培训四部分构成[26]。这些形成人力资本的各种途径的重要性是不同的。刘唐宇（2008）构建了一套农村人力资本投资途径体系，运用层次分析方法进行了各种投资途径的重要性排序。结论显示：培训投资和教育投资比医疗保健投资和流动迁移投资更为重要；政府投资比农民个体投资更为重要；在农民个体投资形式中，技术培训支出和流动就业支出占有很大比重[27]。

人力资本投资会对非农就业、农业收入、非农业收入、农村家庭收入等指标产生显著影响。朱贵云等（2009）从公共投资、教育、健康、培训及迁移等角度全面度量了我国1978—2007年农村人力资本投资量，并对我国农村人力资本投资与非农就业的关系作了实证研究，结果表明：人力资本投资量是非农就业总比重的单向Granger原因，即前者有效地促进了后者的提高，但其影响具有滞后性；人力资本投资量不是农村劳动力当地非农就业比重的Granger原因，即前者并未促进后者的提高，反而更有效地促进了农村劳动力向城市非农产业转移[28]。但是，田东芳等（2010）研究表明人力资本对农村女性劳动力永久性转移没有显著影响[29]。刘中文、李录堂（2010）采取问卷和实地调查方法对浙江省农村人力资本投资效率进行分析比较，认为只有在经济发达地区教育程度与农业收入、非农业收入才有显著相关性[30]。周亚虹等（2010）基于苏北农村家庭微观数据实证研究了农村职业教育对农村家庭收入的重要贡献，研究结论显示，基于个体是否接受职业教育存在自选性的事实，农村职业教育对于农村家庭收入有着显著的作用，平均回报率约为27%（年平均回报率9%），与国际上10%的年平均回报率基本一致[31]。

中国农村的后续人力资本投资存在着一系列的问题（汪虹，2010），农村劳动力医疗保健投资少且主要投资在疾病治疗上；农村劳动力培训投资少，人力资本积累不足，农民增收后劲乏力[32]。很多学者从宏观视角研究了农村人力资本形成的路径。王春明（2009）研究了促进农村人力资本形成的路径，包括做好农村人力资本培育工作，加强政策与制度建设，重建农村人力资本形成的"循环累积"机制，促进农村人力资本的形成与积累等[33]。曹晓峰、徐海燕（2010）依据舒尔茨人力资本理论，认为影响农村人力资源资本化主要有农村教育的目标错位与政府的职能弱化、阻碍农村剩余劳动力转移的困境、农村人力资本投资不足与人才流失、健康投资低下等几方面因素，因此，提高农村人力资源资本化的路径选择包括推进农村教育事业、改变农村人力资源结构、建立农村剩余劳动力合理转移机制、完善农村医疗保险制度等[34]。薛国琴（2010）以浙江省绍兴市为例分析了经济发达地区农村人力资本培训现状，认为要调整农村人力资本培训结构，由偏重转移就业技能培训转到转移就业技能培训和农业专业知识技能培训并重[35]。

（3）农村人力资本存量及其影响因素

不同区域的农村人力资本存量水平是不同的，并呈现出不同特征。高强、单哲、李宪宝（2010）通过对中国各省份1995—2008年农村人力资本存量及基尼系数进行计算和比较，指出不同省份间农村人均人力资本存量及农村人力资本均化程度存在较大的差异，农村人力资本存量的提升有助于农村人力资本结构均化[36]。周云波等（2010）运用教育年限累积收益率方法估算了1997—2007年间我国分区域的农村人力资本存量水平，并以此为基础从空间、时间和时空综合的维度分析了其特征。具体结论主要有：农村人力资本存量水平呈现明显的自东向西逐次递降态势；高、中、初等水平的人力资本所占比重呈"梨形"分布状态；从整体上看，农村人力资本存量水平的区域差距在考察期间呈现出明显的缩小趋势；东部地区内的省域除福建外均属于高水平—高增长的"目标模式"和高水平—低增长的"马太模式"，长期之中其分布状态可能发生的改变主要为两种既有模式的内部交流；中部地区内的省域较为集中于"马太模式"，其未来有向低水平—低增长的"纳克斯模式"扩散的可能趋势；西部地区内的省域主要集中于"纳克斯模式"和低水平—高增长的"成长模式"，其未来有可能出现两极分化的趋势，即"成长模式"中的省域逐步实现向"目标模式"的演进，而"纳克斯模式"中的省域仍旧在低点徘徊[37]。

张智敏、唐昌海（2009）专门研究了进城农民工的人力资本存量，指出进城务工经商人员的人力资本存量分为基本人力资本存量和技能性人力资本存量。他们研究了技能性人力资本生成的影响因素，研究发现：农村高素质群体的基本人力资本存量不可能规避其在城市经济生活中的贫困和边缘化的发生；基本人力资本存量对进城务工经商人员技能性人力资本存量的生产不产生贡献作用；收入保障程度和工作岗位技术含量是影响进城务工经商人员技能性人力资本生产的关键因素。研究认为，改善农民工的技能性人力资本存量结构，是进城务工经商人员摆脱贫困、规避边缘化的根本[38]。

农村人力资本形成团队是对家庭承包经营是一种有益补充，有利于发挥农村人才作用并促进农村可持续发展。徐辉（2009）指出分散经营的农村人才、普通劳动者与农业龙头企业等以技术传播、市场、行政力量、资金及资源为基础，形成了专业技术协会型人力资本团队、农民专业合作社型人力资本团队、科技特派员型人力资本团队、创业型人力资本团队及农业园区型人力资本团队等五种模式[39]。五种模式中，农业园区型人力资本团队将成为我国未来的主流模式。

（4）农村人力资本与城乡收入差距

收入不平等是由于人力资本分布的不平等性[40-41]。在我国，城乡收入差距很大程度上被认为是城乡人力资本分布不平衡导致的。有学者从人力资本溢出效应的角度，提出要采取措施减少农村劳动力转移过程中的人力资本外溢效应，进而能达到缩小城乡收入差距的目的[42]。他们指出，在农村劳动力向城市转移过程中的人力资本溢出效应有三方面含义：一是政府对城乡公共投资的不平衡导致农村人力资本的形成具有更强的私人性；二是农村人力资本单向外流使其溢出效应主要发生在城市；三是由于城市劳动力市场对农村劳动力的歧视，农村人力资本在城市不能获得与其边际贡献相对应的报酬。因此，农村劳动力向城市转移的过程中存在着农村向城市的庞大价值转移，实证分析表明，超过四成的城乡收入差距是由这一因素造成的。另有研究指出，由于升学和劳动力转移就业等形式造成的人力资本城乡流动，对城市的外溢性明显大于对农村的内溢性，造成农村地区的"人力资本贫困的恶性循环"，即"农村低收入—城乡差距—人力资本城乡流动—农村低人力资本形成—农村更低收入"。因此，要建立农村人力资本城乡流动后补偿机制，以求获得城乡共同发展[43]。

1.3.3　研究述评

从理论研究来看，沿着舒尔茨为代表的人力资本经济增长论和以贝克尔为代表的人力资本收入分配论这两条主线，人力资本理论研究已经比较深入，但是，专门针对农村人力资本有关理论问题的探讨还相对欠缺。毕竟，农村人力资本与城市人力资本，在内涵与外延、特点与形成机制等方面都有所不同。

从应用研究来看，国内外学者主要是采用计量经济模型对人力资本与农村经济增长及农民收入的关系、农村人力资本投资及形成路径、农村人力资本存量及其影响因素、农村人力资本与城乡收入差距这四方面进行研究。总体来说，大多是基于农村人力资本"积累–投资–收益"或是这三者之一的思路做实证研究。由于人力资本内涵的抽象性和外延的复杂性等特征，大部分的实证研究仅限于教育（而不是人力资本）与相关对象的实证分析，即有关教育人力资本投资及收益研究居多，而对于健康、培训、迁移等人力资本的关注较少。

但是，按照贝克尔、舒尔茨等人的理论研究，人力资本形成的途径主要有正规教育、就业培训、医疗保健和劳动力流动这四方面。对人力资本培育途径的研究，应该是基于这四方面来构建模型。本文试图构建了一个"农户接受正规教育—参加就业培训—参与合作医疗—是否迁移就业"的人力资本培育的研究框架，以湖南省为例，实证检验是哪些因素影响了农户进行这四方面的人力资本投资，进而有针对性地提出农村人力资本培育的途径。

1.4 研究框架与方法

1.4.1 研究框架

本文基本框架如图1-1所示。论文共分为九章。第一章为导论；第二章论述农村人力资本培育的理论基础；第三章论述湖南省农村人力资本现状；第四章对农户义务教育行为进行实证研究；第五章对农户参加就业培训行为进行实证研究；第六章对农户非农外出务工行为进行实证研究；第七章对农户医疗卫生投入行为进行实证研究；第八章实证研究湖南省农村人力资本对经济增长的作用；第九章为研究结论与政策建议。论文主体部分的框架图如下：

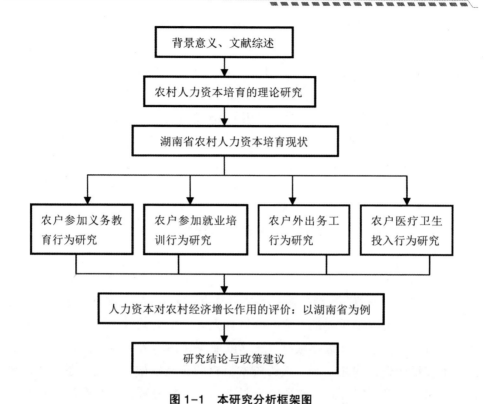

图 1-1　本研究分析框架图

Figure 1-1　The Analysis Framework Chart

1.4.2　研究方法

（1）规范分析和实证分析相结合的方法。一般来说，规范分析偏重于对研究对象的理性判断和逻辑演绎，实证分析侧重于对研究对象的客观描述和计量分析。本文把两种方法结合起来。一方面，借鉴农业经济学、劳动经济学、行为经济学等领域的理论，为农村人力资本培育提供一个经济学分析框架；另一方面，采用统计年鉴数据分析湖南省农村人力资本现状，并构建模型，评价农村人力资本对湖南省农业经济增长的促进作用。

（2）问卷调查法。本文实证部分的数据，除了部分来自统计年鉴外，其余数据都来自实地调研。在湖南省的湘潭市、岳阳市、益阳市、衡阳市，采用随机抽样方法，开展入户调研。调查采取问卷调查为主，主要知情人（劳动部门负责人、卫生部门负责人、教育部门负责人、乡镇领导）访谈为辅的方法。通过调查，获取样本农户在义务教育、就业培训、合作医疗、外出务工这四个方面的微观经济数据，从而为模型研究提供数据来源。

（3）计量经济学方法。根据研究任务需要，本文采用层次聚类法（Hierarchical Cluster Procedures）和离差平方和法（Ward's Method）研究子女失学的原因；采用 Logit 模型用于研究农户参加义务教育行为；采用多元回归模型研究农户参与就业培训行为；采用 Logit 模型研究农户外出务工行为；采用 PSM 模型研究农户医疗卫生投入行为；采用协整检验与 Granger 因果分析模型来研究湖南省农村人力资本对经济增长的作用。

1.5　创新点与不足之处

本研究在研究范围、研究素材等方面具有一定的特色。在研究范围方面，不拘泥于人力资本最重要的要素——教育人力资本问题的讨论，本文对包括正规教育、就业培训、医疗保健、迁移就业等在内的人力资本问题均进行了系统的实证研究，构建了一个人力资本培育的研究框架，研究对象广泛，涉及内容多，模型研究深入。在研究素材方面，大部分数据都是在湖南省通过实地问卷调查所获得的第一手资料，从义务教育、合作医疗、劳动培训、外出务工等多个维度，考察了人力资本培育行为。

本文的不足之处是，对农村人力资本积累和收益这两个问题的关注比较少。义务教育、就业培训、医疗保健和迁移就业都是人力资本投资的四种途径，围绕这四个方面的实证模型从本质上看都是研究农村人力资本的投资行为。另外，用来自同一个样本的调研数据，建模研究四个不同方面的问题，实证研究这部分略显粗糙，也有些不深入。

第二章　农村人力资本培育的理论研究

2.1　农村人力资本内涵及特点

资本是一个经济学范畴。马克思主义经济学认为，资本是能够带来剩余价值的价值，从而揭示了资本的增殖性[44]。马克思主义认为，资本不是外生经济变量，它内生于经济发展。货币转化为资本的关键是劳动力转化为商品，资本的积累是通过剩余价值的资本化来进行的，是资本扩大再生产的主要源泉。在马克思看来，资本并不是物，而是体现一定的社会关系。在现代西方主流经济学的框架里，资本是一种生产要素和资本品。萨缪尔森认为，资本品是"一种投入，又是经济社会的一种投放，同时又是经济社会的一种产权""资本或资本品是一种生产出来的生产要素，一种本身就是经济的产出的耐用投入品"[45]。资本作为一种投入要素，与劳动、土地不同，后两者并没有被看作是经济过程的产出品。《新帕格雷夫大辞典》认为"作为现在和未来产出与收入流的源泉，资本是一个具有价值的存量。"[46]我们认为，综合来看，作为资本，必须具有价值，必须具有为其产权主体带来利润的能力，而且还必须具有增殖性。从形态上说，资本的形态不限于物质形态，也可以是无形的。

人力，即是人的综合能力，既包括了人的体力，还包括其学习和运用知识技能的能力。人力资本，顾名思义，就是将人力作为一种资本形态。舒尔茨对人力资本的定义被广为引用。舒尔茨指出"人们获取有用的技术和知识，这些技术和知识是资本的一种类型，这种资本实际是周密投资的一种产物，这类资本的增长在西方社会里要比常规（非人）资本的增长迅速得多，这种增长很可能是西方经济制度最出色的特征，直接用于教育、保健以及为了取得良好的就业机会而用于国内移民的费用，便是明显的例子。"[47]因此，人力资本是活的人体所拥有的体力、健康、经验、知识和技能及其他精神存量的总称。人力资本基本特征有二：它是凝结在人身上的"人力"，是能作为获利手段使用的"资本"。必须指出的是，人力只有经过培训学习才能真正成为资本，没有经过学习的人力只是自然人力，并不具有资本形态。人力资本强调的是知识、技术、信息、创新精神等一切具有"乘数效应"的经济资源的总称。人力资本不同于与简单、重复、体力劳动相联系的自然人力，而是超越基本劳动力概念，并与复杂、高级脑力劳动相联系的高层劳动力概念。

实际生活中，人们经常将"人力资本"与"人力资源"当作同一概念进行混用。严格地说，这两个概念有不同的含义。前者是一个经济学范畴，而后者是一个管理学范畴。"人力资源"概念是指组织内的全体劳动者，是人力的实体形态或数量方面的规定性，强调其有用性及人力作为一种既存的资源应如何利用的问题。换句话说，人力资源既包括了自然人力，还包括了通过学习培训所获得的知识、技能等人力资本。"人力资本"概念只是人力资源中经教育、培训、医疗保健、迁移投资形成的知识、经验、技能的总和，仅指从事复杂劳动的能力和知识。因此，劳动人口多的区域的人力资源丰富，但其人力资本并不一定丰富。

农村人力资本是指农村居民所拥有的体力、健康、经验、知识和技能及其他精神存量的总称。深入分析其内涵，从权属主体来看，农村人力资本既包括了劳动年龄内农村劳动力的人力资本，还包括了劳动年龄以外或因伤残而不具有劳动能力的农民的人力资本。因为，这些农民（因年幼、年长或疾病）即使不具有劳动能力，但他们具有自然人力或农事经验，而这些人力资本也能产生很大的外溢效应。从资本内容来看，包括自然人力资本和技能性人力资本，前者是指农村居民的先天禀赋，例如健康、体力、年龄、性别、婚姻、家庭背景；后者为习得性或获得性能力，例如，接受基础教育所获得的基本技能（读、写、算技能等）、接受各种培训所获得的农事技能、"干中学"所掌握的各种农事经验，等等。

与城市人力资本相比，农村人力资本具有如下特点。第一，农村人力资本积累相对较低。由于国家在卫生、教育等方面的公共政策存在城乡二元结构，农村居民在生存和发展机会上劣于城市，再加之农民自身观念束缚，因此，农村人力资本积累水平相对较低。第二，农村人力资本投资渠道单一。由于公共投资相对较少，因此，农村人力资本形成很大程度上依靠农户自身的积累。农户收入越高，人力资本投资渠道就越多，人力资本积累水平就越高，反之亦反。换句话说，农村人力资本培育也存在"贫困恶性循环"现象。第三，农村人力资本收益相对较低。撇开在城市务工的农民工不说，单讲在农村就业的人力资本，由于农村市场化程度较低，经济机会较少，农业本身又是一个弱势产业，因此，农村人力资本投资所带来的回报率远远小于城市人力资本。第四，农村人力资本外溢现象显著大于城市人力资本。很多从农村走出的大学生最终在城市就业。一些农村中的青壮劳动力以及有所专长的劳动力都在城市务工。而城市的高素质劳动者却少有愿意到农村工作的。

2.2 农村人力资本培育的途径

人力资本培育就是采取收益率最高的方式进行人力资本投资，应该包括投资主体、投资渠道和投资客体这三方面问题。其中，投资客体即为承载人力资本的个人，对农村人力资本投资而言，就是指农户。因此，这里重点分析农村人力资本的投资主体和投资渠道。

2.2.1 农村人力资本的投资主体

由于人力资本既包括健康、体力等自然人力资本还包括知识、技能等后天习得性的技能性资本，因此，人力资本投资主体应该是多元的。具体而言，农村人力资本的投资主体包括农民个人、农民家庭、政府、社会这四方面。

第一，农民个人投资。自然人力的维系和增强，需要农民自身加强身体保健和运动锻炼，这是其他任何人和组织所不能替代的。农事知识与技能的获得，必须是农民自己参与农业生产过程，并经过持续地"干中学"甚至是反复的"试错"才能得到。即使是参加培训班，农业技术学习由于其特殊性，也必须由农民自己在农田现场亲自进行学习，因为，这种技能是坐在教室通过书本所无法掌握的。在我国一些农村出现了"农民田间学校"，就是政府组织农业专家在农村田间对农民进行现场教学，传授农田管理科学技术。因此，无论哪种人力资本投资方式，都必须要农民自己的亲自参与。也就是说，农民个人是农村人力资本投资的第一主体。农村人力资本培育工作，首要的是调动农民自己的积极性。

第二，农民家庭投资。这主要是指正规教育、医疗卫生、城乡迁移就业等方面，需要农民家庭的投资。另外，农民通过生产过程获得农事技能，也需要家庭在农业生产资料方面的投入。很长一段时间内，由于我国在教育、卫生等公共事业方面的城乡二元结构，政府在农村人力资本投资中是相对缺位的。因此，农民家庭成了农村人力资本投资的实际主体。由于农民家庭收入相对较低，人力资本投资相对较少，进而人力资本积累水平较低。也就是说，农民家庭投资能力小是我国农村人力资本存量水平低的重要原因。要构建农村人力资本培育的长效机制，必须增加农民家庭收入，提高农民家庭的投资能力。

第三，政府投资。由于农民个人和农民家庭的财力有限，因此，公共投资意义上的国民教育、医疗卫生保健、社会保障和大规模移民等，需要以政府为主体进行投资。政府对农村人力资本的投资有软投资和硬投资之分，前者是指出台各种促进人力资本培育的教育政策、培训政策、保障政策、迁徙政策等，如减免农村义务教育费用；后者是指通过各种形式对农村人力资本培育的有关方面追加投资，如2004年起农业部等部委联合实施的农村劳动力转移就业培训阳光工程。当前我国农村的"上学难、就医难、养老难"就是与政府投资不足有密切关系的。近年来，政府加大了农村社会事业的投入力度，农村义务教育、合作医疗、养老保障等方面较之以前有了很大改善，农民外出务工培训、农民工福利、农村留守儿童教育等问题受到了极大关注，但相对而言，农村劳动力的农业技术培训和农民食品营养工作还很薄弱。

第四，社会投资。包括企事业单位、社会团体、个人和NGO（非政府组织）对农村人力资本的投资。一些企业家和社会团体对农村弱势群体的慈善及救助行为，一些农村专业合作经济组织或行业协会对农民种养大户的技能培训，一些农业龙头企业对其生产基地内的农户开展标准生产规程的培训，均可以看做是社会投资。社会投资主要表现在对农民进行劳动技能培训、提升农民健康水平、促进农村剩余劳动力转移、捐资捐助和赞助活动。应该说，社会投资的公益性较强，农民获取人力资本的成本相对较低，对农民而言是一种成本低、回报高的投资方式。但是，我国农村人力资本的社会投资还不广泛，效果也不明显，究其原因，主要是社会投资主体与农民的激励相容度低，投资动力不高。

2.2.2　农村人力资本的投资渠道

舒尔茨认为，人力资本投资可分为五种形式：一是医疗和保健，从广义上讲，它包括一个人的寿命、力量强度、耐久力、经历和生命力的所有费用；二是在职人员的培训，包括所采用的旧学徒制；三是正式建立起来的初等、中等和高等教育；四是由企业组织的那种为成年人办的学习项目，包括那种多见于农业的技术推广项目；五是个人和家庭适应于变换就业机会的迁移。贝克尔指出："一些活动主要影响未来的福利，另一些活动的主要影响是在现在。一些活动影响货币收入，而另一些活动影响心理收入，即消费。旅游主要影响消费，在职培训主要影响货币收入，而高等教育可以既影响消费又影响货币收入。通过增加人的资源影响未来货币与心理收入的活动，称之为人力资本投资""这种投资包括正规学校教育、在职培训、医疗保健、劳动力迁移以及收集价格与收入的信息等多种形式"。综合舒尔茨和贝克尔的观点，笔者认为，农村人力资本投资应该有五种途径。

第一，教育投资，是指正规学校的教育投资。教育是传授健康知识、知识技能、思想观念的主要方式。无论是健康维护还是知识技能，都与教育投资密切相关。这应该是我国农村人力资本培育的主要形式。世界银行在对发展中国家教育成本收益率进行计算后指出，发展中国家教育的收益率一般是很高的。而在教育投资中，初等教育投资的社会效率最高，受到教育的农民具有相当强的生产能力，如受过四年教育的农民种植的作物收成比没有受过教育的农民种植的作物收成高13%。

第二，培训投资，是为了农户参与短期的学习培训以获得现代农业技术而进行的投资，它对于提高农户的技能和劳动效率具有重要作用。其形式是多种多样的，如创办农民技术学校、举办专门技术培训班、运用广播电视宣传和讲授农业科技知识等。对农村劳动力进行培训，是造就一批有文化、懂技术、会经营的新型农民的必然要求。

第三，健康投资，是指为了提高人的健康素质，增加自然人力资本而进行的投资。身体健康不仅能够积累起更多的人力资本存量，而且人力资本发挥作用的时间也更长。无论是疾病治疗的投资，还是预防保健投资，对于增强劳动力体质，提高生产率都有着直接的作用。

第四，迁移投资。城乡二元经济结构的特点，决定了在"刘易斯拐点"到来之前会有大量农村剩余劳动力向城市迁移就业。农户迁至城市务工，一

第三章 湖南农村人力资本培育现状

3.1 正规教育方面

正规教育是指有固定学制的各级教育，包括小学、初中、高中、大学及大学以上的教育。在我国，教育事业的发展主要由国家财政教育专项经费、企业资金、社会团体和公民个人办学经费、社会捐集经费、事业收入及其他教育经费支持。其中，最主要的经费支持来源于国家财政教育专项经费和企业资金。农村教育事业，尤其是农村职业教育事业更是如此，经费主要来源于政府财政教育专项经费和企业资金。

总体来看，湖南省教育经费投入增长很快。2016 年，全省教育经费总支出为 599.8 亿元，比上年增长 9.3%。随着教育投入的增长，教育质量也稳步提升。学龄儿童入学率达到 99.62%，小学升学率已达到 100%；初中升学率达 99.61%，比上年提高 5.63 个百分点；高中阶段毛入学率为 90.69%，比上年提高 15.26 个百分点；平均每万人口在校大学生为 146.9 人，比上年增加 8.3 人[48]。

随着教育投入的增加，农村人口受教育年限不断提高，2009 年平均受教育年限为 8.22 年。但是，在长期城乡二元结构的发展战略下，我省对农村教育的财政投入明显低于城市，城乡教育资源差距很大。2009 年，湖南省农村普通小学大专以上学历教师比重为 62.1%，远远低于城市的 90.4%；城市农村普通小学生均仪器设备总值和每百人计算机台数分别为 188.0 元和 2.1 台，远远小于城市的 490.5 元和 4.5 台。而且，农村各级教育发展极不平衡，以小学和初中教育投入为主，对于包括职业高中在内的高中教育的投入偏低。

2008 年，湖南省农村共有 13 570 所学校，其中，农村小学学校总数为 11 339 所，占比 83.6%；农村初中学校总数为 2103 所，占比 15.5%；农村高中学校总数为 128 所，占比仅为 0.9%[49]。

近年来，随着国家对农村义务教育优惠政策的落实，农民在正规教育方面的支出明显下降。2009 年湖南省农民人均学杂费支出 125 元，比 2005 年减少 99 元，下降 44.2%。2010 年前三季度，湖南农民人均学杂费支出 71 元，同比下降 21.5%。农民义务教育支出逐年下降，主要是由于国家减免农村义务教育阶段学杂费政策引导所致。与此同时，随着农民收入的增长，农民对精神文化生活方面的消费需求依然不断增加，2009 年湖南省农村居民文化教育、娱乐用品消费支出人均 77 元，比 2005 年增长 2.4%，文化、体育、娱乐服务消费支出人均 15 元，比 2005 年增长 68.9%[50]。

3.2　就业培训方面

尽管各地组织了许多针对农村劳动力的培训工作，但由于缺乏宏观数据难以做科学分析，这里采用职业教育的数据进行分析。2016 年湖南省教育经费支出总计 10 323 734 万元，中等职业教育经费支出 702 013 万元，仅占总支出的 6.8%，其中，中等专业学校支出 86 261 万元，职业高中支出 232 986 万元，技工学校支出 27 415 万元，成人中等专科学校支出 26 812 万元，所占比重均很低[51]。

公共财政支出情况（2016年）

Public Budgetary Expenditure(2016)

单位：万元

(10 000yuan)

市 州	Cities and Prefecture	一般公共预算支出 Public Budgetary Expenditure	教育 Education	社会保障和就业 Social Security Progams and Employment	医疗和卫生 Pulic Health	农林水利事务 Agriculture, Forest and Irrigation	一般公共服务 General Public Services
全 省	Total	63391637	10323734	8744100	5462666	7297502	6759452
长沙市	Changsha	10414331	1567751	829289	554994	808919	1315468
株洲市	Zhuzhou	4052291	533096	512894	308190	363174	586656
湘潭市	Xiangtan	2582628	325149	427507	212193	260752	279822
衡阳市	Hengyang	5394202	876772	806899	558931	524388	494180
邵阳市	Shaoyang	4738295	793442	843938	518053	651585	491921
岳阳市	Yueyang	4310233	565581	777339	409251	550678	405046
常德市	Changde	4630473	663349	767197	451726	677824	429455
张家界市	Zhangjiajie	1444074	214827	170043	125123	212289	151905
益阳市	Yiyang	3103902	502037	561119	333249	412812	304086
郴州市	Chenzhou	4040665	700834	582509	388274	531275	415507
永州市	Yongzhou	3992256	717648	615715	437632	663901	426679
怀化市	Huaihua	3746196	658206	645751	372802	519986	408709
娄底市	Loudi	2675845	467402	436493	341534	287591	296734
湘西州	West Hunan	2696780	434213	353236	257854	449207	255947

（数据来源：湖南省教育年鉴 2016 年）

目前，湖南省已建立起较为完善的就业培训体系。2016 年末，全省共有民办职业培训机构 753 家，其中，省直民办职业培训机构 120 家；民办培训机构培训人数 48.96 万人[52]。但是，这些培训机构的服务对象多为城市就业人员，对农村劳动力尤其是农村留守劳动力的技能培训很少。近年来，湖南省政府高度重视进城务工农民的问题，开展了以"进城务工，帮您解难"为主题，以农村富余劳动力、被征地农民、返乡农民工为服务对象的"春风行动"，取得了较好成效。

3.3　医疗卫生方面

随着财政收入的逐年增加，湖南省在医疗卫生方面的投入力度越来越大。2016 年，全省医院和卫生院拥有床位 20.3 万张，增长 16.7%；卫生技术人员24.8 万人，增长 6.9%；每万人拥有床位数 30.7 张，比上年提高 3.2 张；每万人拥有医生 14.6 人，比上年提高 0.5 人。但是，医疗卫生投入的城乡差距仍然很大。2016 年，湖南孕产妇死亡率城市为 21.51/10 万，农村为 29.88/10万；5 岁以下儿童死亡率城市为 9.87‰，农村为 11.34‰。而且，区域差异也很大。2009 年，每千人拥有卫生技术人员数，最高的长沙为 6.26 人，最低的邵阳为 2.56 人，仅相当于长沙的 40%；每万人口拥有收养类社会福利事业床位数，最高的长沙为 20.91 张，最低的娄底为 11.09 张，还不到长沙的一半[53]。

近年来，新型农村合作医疗试点的开展极大地解决农村居民"因病致贫、因病返贫"的问题。到 2016 年末，湖南省新型农村合作医疗参合人数达 4 618.2 万人，参合率为 91.22%，新型农村合作医疗门诊统筹首批试点县市达55 个，新型农村合作医疗住院补偿率 41.44%。而且，湖南省新农合实现了低筹资水平下的较高保障水平，湖南新农合人均筹资额水平较低，仅为 79.6元，全国排倒数第 2，只比广西高 2 元，相当于全国平均水平 96.2 元的82.7%，相当于上海的 14.8%[54]。

由于农村新型合作医疗的广泛覆盖以及农户健康意识增长，农户在医疗卫生方面的支出也有所增长。2016 年湖南省农民人均医疗保健费用支出 258元，比 2005 年增长 53.4%。其中，医疗保健用品消费支出人均为 127 元，比2012 年增长 36.7%，医疗保健服务费人均为 131 元，4 年增长超过五成。2017 年前三季度，农民人均医疗保健支出 214 元，同比增长 14.7%。由于农民加大了医疗卫生支出，农村人口平均寿命也不断增高，2016 年农村人口平均预期寿命为 76.6 岁，比 2006 年增加 2.8 岁[55]。

在农村养老保险方面，湖南存在起步晚、起点低、基础差的问题，加之农村社会保障涉及面宽、人数众多、基层资金筹集难，绝大多数农民享受不到足额的养老保险。到 2016 年末，新型农村社会养老保险试点已经扩大到 46

个县（含自费试点的浏阳市、宁乡县）；新型农村社会养老保险登记参保人数为 1 000 万人，比上年末增加 413 万人；全年共有 272 万农民领取了养老金，比上年增加 164.5 万人；全年共支付养老金 11 亿元[56]。

3.4　流动迁移方面

湖南省是劳务输出大省。政府历来重视劳务经济的发展，加大与广东等劳务输入大省的劳务合作，陆续开展实施"阳光工程"、湘西地区"技能培训扶贫工程""农村劳动力技能就业计划"等项目，通过有计划、有步骤、多渠道和多层次的培训，提高农民工的技能水平，使农村劳动力逐渐由"体力型"向"技能型"转变。2016 年，全年农村外出务工人员达到 1 320.81 万人。其中：省外就业 946.66 万人，占 71.67%。实现劳务收入 1 203.7 亿元，增长 25.2%；人均年务工收入 9 113 元[57]。

2016 年，湖南省统计局对 9 745 户农村住户进行了抽样调查。调查发现，农户迁移就业呈现出六大特点[58]。

第一，以整劳动力为主，男性居多。2016 年末，湖南省农村外出就业动力中，整劳动力人数为 917.15 万人，占 94.0%，男性劳动力人数达 603.5 万人，占 61.8%，高出女性劳动力 23.6 个百分点。

第二，以青壮年为主。从年龄结构看，外出就业劳动力以 21~30 岁年龄段的青壮年为主，达 506.93 万人，占 51.9%；20 岁以下年龄段为 114.32 万人，占湖南农村外出劳动力的 11.7%；31~40 岁年龄段为 210.36 万人，占 21.6%；41~50 年龄段为 105.58 万人，占 10.8%；50 岁以上年龄段为 38.87 万人，占 4.0%。

第三，大多数达到初中文化水平。湖南省农村外出就业劳动力的文化素质呈现"纺锤"形状，即中间大，两头小，具有初中文化程度的人数最多，达 579.29 万人，占外出就业劳动力人数的 59.4%；小学文化程度为 87.56 万人，占 9.0%；高中及中专文化程度的为 265.23 万人，占 11.5%；大专及以上文化程度的为 36.99 万人，仅占农村外出就业劳动力的 3.8%；在湖南农村外出就业劳动力中仍有 0.7%的文盲，人数为 6.99 万人。

第四，就业地主要集中在东部地区。从外出就业地域来看，湖南农村劳动力外出就业仍以东部地区为主，达 647.88 万人，占 66.4%；其次为中部地区，达 319.57 万人，占 32.7%；西部及其他地区的劳动力为 8.61 万人，仅占外出就业劳动力总人数的 0.9%。

第五，时间大多在半年以上。从外出就业的时间来看，外出劳动力中从业时间累计 6 个月以上的占绝大多数，达 814.39 万人，占外出就业劳动力总人数的 83.4%。从业时间累计 3~6 个月的为 105.85 万人，占 10.8%，3 个月以下的为 55.81 万人，占 5.7%。

第六，就业的主要行业为非农行业。从外出就业的行业分布来看，农村外出劳动力就业的主要行业为第二、三产业。2016 年末，就业于第二产业的劳动力为 595.29 万人，占外出就业劳动力总人数的 61.0%，其中超过九成的劳动力集中在制造业和建筑业，人数达 574.99 万人。就业于第三产业劳动力为 367.99 万人，占外出就业劳动力总人数的 37.7%，其中约五成劳动力集中在居民服务业、住宿餐饮业和批发零售业。

从长期来看，湖南省农村劳动力迁移就业逐步出现了新趋势。一是高学历人数增长较快，外出劳动力文化素质在持续提升。二是省外就业的比重呈下降趋势。随着湖南省内基础设施建设项目的开工和新型工业化战略的大力推进，省内就业岗位增多，工资水平与沿海发达省份相比差距也在逐步缩小，越来越多的外出劳动力选择回省打工或创业。2016 年末，选择省外务工的劳动力为 667.92 万人，较 2007 年减少 28.25 万人。省外就业劳动力比重 2014 年为 71.1%，2015 年较上年下降 0.5 个百分点，2016 年再下降 1.8 个百分点。省内就业劳动比重则由 2016 年的 28.9% 上升至 31.6%。三是第二产业就业人数持续下降，第三产业人数稳步攀升。湖南省农村劳动力外出就业以第二产业为主，但是近年就业人数持续下降，而从事第三产业的劳动力人数稳步增加。2014 年至 2016 年期间，第二产业就业的劳动力人数下降 28.79 万人，占外出就业劳动力总人数的比重由 63.8% 降至 61.0%。第三产业就业人数 3 年间增加 17.89 万人，占外出就业劳动力总人数的比重由 35.8% 上升至 37.7%。四是"离土离乡"模式有所改变。近年来，国家扶持农业的新政策不断出台，粮食补贴、粮种补贴、大型农机具购置补贴等一系列政策措施的落实，使土地增收幅度较大，农民从农业中看到了希望，采取了"离土不离乡"的转移模式。2016 年末，省内省会城市、地区级城市和县级市及建制镇地区的就业劳动力比重分别较 2007 年提高 0.6、1.3 和 0.7 个百分点。回乡农民中，部分人运用在外打工期间积累的资金、技术和管理经验，在本地创办或领办乡镇企业、发展私营、个体经济。由于农村劳动力迁移就业的上述变化，近年来国内一线城市都出现了"用工荒"。

在农村劳动力迁移就业中最影响人力资本积累的问题还是劳动力外出务工的权益得不到有效保障。虽然近几年国家把保障进城务工农民的合法权益放在重要位置，但是权益保障的长效机制还没有建立。表现最为突出的问题包括：克扣和拖欠工资，强制加班加点和超时工作，劳动和卫生条件恶劣，不按规定与农民工签订劳动合同等。一些用人单位虽然与农民工签订劳动合同，但往往对农民工规定的义务多、权利少，合同上的约定不平等。一些用人单位在农民工的安全保护、职业病防护等方面采取的措施不得力，投入不到位，农民工相关权益保障制度还不完善。

第四章　农户投资正规教育行为研究：基于
失学子女的视角

正规教育是人力资本培育的最重要的方面，受教育程度高低能在很大程度上反映农户人力资本积累水平的高低。本章基于失学子女的视角，研究农户对子女接受正规教育的投资行为。应该说，农村子女失学是当前义务教育面临的一个严峻问题。它直接影响到义务教育目标的实现，制约了农村人力资本的培养与开发，削弱了农村社会持续健康发展的潜力。目前关于农村义务教育失学问题的相关研究，较多集中在宏观层面，即探讨全国或省区一般性的失学情况，大多以农民生活"贫困"和收费过高这一经济因素作为解释。但从微观层面上看，农村子女在义务教育期间失学是农户行为选择的结果，或者说是农户作为农村义务教育投资的微观主体，对子女是否接受或接受多少年义务教育的决策的结果。因此，如果要从根源上把握失学产生的内在机理，只有从农户这一微观层面上进行深入剖析，才能找到正确的答案。

4.1　样本农户描述性分析

样本数据来自在湖南省 14 个市（州）农村的问卷调查，每个市（州）随机调查了 80 户农户，共收回问卷 1120 份。剔除信息残缺以及有明显错误的问卷，最后剩下有效问卷 1 040 份。调查员为岳阳职业技术学院 2007 级国际经济与贸易专业的本科生，调查时间是 2016 年 1~2 月。在正式调查之前，笔者对所有调查员进行了培训，并在岳阳市岳阳县公田村进行了预调查，然后根据预调查情况进一步修改了问卷。最终的调查问卷请见附录。

由于研究的是义务教育问题，要求样本农户家中必须有子女处于接受义务教育的年龄段。我国从 1984 年开始推行义务教育，能够处于该法规实施时间内的农户子女年龄应在 6~26 岁之间，据此将无子女户和有 6~26 岁之外子女的农户剔除，最后剩下有效样本 653 户。要指出的是，本文所指的失学，是指学生失去上学机会或中途退学。义务教育阶段的失学包括两个方面：一是根本未接受小学或初中阶段的教育；二是中途因故停止上学，即通常所说的辍学。

4.1.1　样本农户子女情况

根据农户拥有子女数量，将农户分为五类，见表 4-1。

表 4-1　不同子女数农户构成

Table 4-1　farmers constitution by different number of children

	一子女户	二子女户	三子女户	四子女户	五子女户	合计
户数	365	222	57	8	1	653
占样本总数比例（%）	55.9	34.0	8.8	1.2	0.1	100.00

（数据来源：据实地调查整理）

农户子女的生育数量直接决定着应接受农村义务教育的人口规模。由表 4-1 可知，一子女户所占比例最大，为 55.9%，由于中央政府在 20 世纪 90 年代中期对计划生育政策作了一些微调，允许某些地区的农户生育第二胎，所以二子女户也占有相当大的比例，为 34.0%。超生的三子女户、四子女户、五子女户所占比例依次为 8.8%、1.2%、0.1%，总和为 10.1%，仅占一成多，以上的统计结果有利于对农村义务教育学生的人口数量作出预测，可以作为投资决策的基本依据。

其次考察农户子女的性别结构。子女数量和子女性别的选择是农户子女需求方面的两个重要特征，而性别的选择更能反映父母在需求质量上的主观意志。表 4-2 是不同子女数农户的子女性别结构。表中"性别比"指标是反映两性人口数量比例的指标，指在总人口中或各年龄人口中，男性人数与女性人数之比。通常用每 100 个女性人口相应有多少男性人口表示。其计算公式为：性别比=男性人口/女性人口×100。

表 4-2　不同子女数农户的子女性别结构

Table 4-2　different number of children，child sex structure of households

	子女总数			占子女总数比例（%）		性别比
	合计	男	女	男	女	
一子女户	365	208	157	57.0	43.0	132.48
二子女户	444	243	201	54.7	45.3	120.90
三子女户	171	80	91	46.5	53.5	87.91
四子女户	32	14	18	43.4	56.6	77.78
五子女户	5	1	4	20.0	80.0	25.00

（数据来源：据实地调查整理）

　　从表 4-2 所示的性别结构可以概括出以下几点特征：第一，男女性别比随着农户子女数的增加而降低，二者呈明显的负相关；第二，农户对男孩的生育需求十分强烈，以致在这种欲望驱使下，农民采取了多次生育的方法以达到其目的；第三，由于很多农户多次生育并进行性别干预，直接造成子女性别比例的严重失衡；第四，中央政府推行的计划生育政策虽然在人口数量的控制方面效果显著，但在某种程度上而产生了一定的副作用，具体表现为农户为了满足生育男孩的需求采取了种种非正常的性别干预行为，这些行为很可能造成了农村人口发展的不平衡，并成为社会发展的不利因素。

4.1.2　农户子女的失学状况

　　总体来看（如表 4-3），全体农户的子女失学率为 8.26%，其中小学阶段为 2.75%，初中阶段为 5.51%，初中是小学的 2.0 倍，这说明农村义务教育阶段的失学主要发生在初中。

　　先计算绝对性别比，该指标是失学子女中男性人数与女性人数的比例，用于描述失学子女中男性与女性的数量差异。从失学子女的性别差别来看，总的绝对性别比为 1∶78.72，说明男性在数量上低于女性。其中小学阶段为 1∶64.71，说明女性是这一阶段的失学主体；初中阶段达到 1∶86.67，说明这一阶段男性与女性的失学人数差别在缩小。

　　然后计算相对性别比，该指标是失学子女中男性人数占子女中男性人数的比例与失学子女中女性人数占子女中女性人数的比例之比，用于描述同性别子女的等量人数中男性与女性的失学比率。九年制义务教育中的相对性别比为 1∶68，说明男性与女性的失学比率有较大差异。其中小学阶段为 1∶55.56，女性失学比率几乎是男性的 2 倍；初中阶段上升到 1∶75，虽有所上升，但男性的失学比率仍明显低于女性。

上述分析说明，农户在选择子女接受义务教育问题上存在着性别偏好，在农户决策中男性较女性享有更多的接受教育的机会，而女性在这方面明显处于相对劣势地位。

表 4-3   样本农户失学子女的人数及构成

Table 4-3   number of children out of school and its composition of Sampling households

	合计	占子女总数比例（%）	男性	女性	绝对性别比	相对性别比
子女总数	1017		546	471		
失学子女总数	84	8.26	37	47	78.72	68.00
其中：小学失学	28	2.75	11	17	64.71	55.56
初中失学	56	5.51	26	30	86.67	75.00

（数据来源：据实地调查整理）

总之，随着农户子女数量的增加，失学率呈上升趋势。初中是失学发生的主要阶段。女性与男性相比，失学的比率更大。农户在子女接受义务教育问题上，存在着严重的性别偏好。

4.2   农户子女失学的原因

造成农户子女失学的原因很多，根据实际调查的资料可以将这些原因归纳为以下五类。

第一，交不起上学费用。这包括两层含义，一是家庭经济状况确实困难，承受不起上学的费用；二是家庭经济状况一般，但处在义务教育阶段的子女数量多，而导致无力同时承担全部费用。

第二，家里需要帮手。这分为三种情况，一是家庭经营出现人手不足，客观上需要补充劳动力；二是家务繁重或多子女家庭的幼子需要年龄较大的女性子女照顾；三是家庭经济状况紧张，需要子女务工挣取生活费用。

第三，上几年学就够用了。这是父母对子女上学时间长短所作的成本收益判断所致，当父母认为在某一时点教育的收益已不再大于成本，则中断了子女继续接受义务教育的投资。由于同村的一些失学子女在沿海城市打工，收入比较可观，因此，一些父母形成了"上几年学就够用了"的认识。

第四，上不上学差不多。这种原因与第三种原因在某种程度上有相似之处，即都决定于父母对子女上学的主观态度。但区别在于这种原因还包括了一部分根本不认为子女接受义务教育有什么用处的农户。持这种认识的父母，大多是基于自身没有读书但同样能持家的事实得出的。

第五，子女不想上学。这本是子女对上学的主观态度，即子女由于种种原因产生了厌学情绪。但仅仅有这种态度并不会直接引发失学，关键在于这种态度诱发父母在主观上也产生了不再让子女读书的念头，从而影响到父母的教育投资决策，中断子女的学业。

上述原因，前四类原因造成的失学，都是父母的决策和行为在发挥主导作用。最后一个原因导致的失学，应该说是子女与父母教育态度双向作用的结果。

据此，将调查问卷收集到的有子女失学的 73 家农户所回答的失学原因进行汇总统计，得出不同子女数农户的失学原因构成。如表 4-5 所示。

表4-5 不同子女数农户子女失学原因构成（%）

Table 4-5 reasons of children out of school of households with different number of children（%）

不同子女数农户 / 失学原因	一子女户	二子女户	三子女户	四子女户	五子女户	全体农户
交不起上学费用	31.5	34.6	28.6	37.5	100.0	32.8
家里需要帮手	8.2	6.2	2.9	12.5		6.6
上几年学就够用了	2.7	2.5	2.9			2.5
上不上学差不多	8.2	13.6	2.9	12.5		9.6
子女不想上学	49.3	43.2	62.9	37.5		48.5

（数据来源：据实地调查整理）

以序号 1、2、3、4、5 分别代表 5 类失学原因，将表 1 显示的不同子女数农户子女的失学原因进行排序，如表 4-6 所示。

从表 4-6 以看出，全体农户的子女失学原因依次是：第一，子女不想上学；第二，交不起上学费用；第三，上不上学差不多；第四，家里需要帮手；

第五，上几年学就够用了。

再分别看各类别农户子女失学的原因顺序。一子女户、二子女户和三子女户子女的失学原因排序与总体情况基本完全相同。但从四子女户，则开始出现变化，即家庭经济状况位次上移，成为与孩子主观学习意愿并列的失学因素；及至五子女户，家庭经济状况则完全取代了其他因素，成为唯一的失学原因。这种趋势表明，由于子女的严重超生，随之造成的家庭经济困难已经成为农户背负的最沉重负担，对子女教育产生了最大的负面影响。

表4-6　不同子女数农户子女失学原因排序

Table 4-6 reasons sort of children out of school of farmers with different number of children

	第一位原因	第二位原因	第三位原因	第四位原因	第五位原因
一子女户	5	1	2、4		3
二子女户	5	1	4	2	3
三子女户	5	1	2、3、4		
四子女户	1、5		2、4		
五子女户	1				
全体农户	5	1	4	2	3

（数据来源：据实地调查整理）

这里需要特别予以关注的是，在子女失学原因中，子女的主观学习态度和家长的教育意识都扮演着重要角色。在实地调查中发现，一部分极端贫困的农户并未因家庭经济困难而让子女放弃读书，而是想方设法筹资供子女上学，子女也同样克服种种不利条件顽强求学，这些父母将子女未来的希望当作生活中最耀眼的幸福阳光。反之，也有一部分农户，家庭经济并不困难，但父母在子女教育上的态度却相当消极，从不鼓励到不赞成甚至表现为无所谓。因此，在这些农户中，学生和家长的学习态度和教育意识这些软约束发挥着比金钱这样的硬约束更大的作用。这在某种程度上也是农村义务教育区别于城市教育的一个特征。

子女不想上学主要是厌学情绪的表现。一是本人跟不上学习进度，这些学生或是年龄偏大，或是智力发育和常人有差距，在日常学习中总是处在落后地位，久而久之形成了心理障碍，产生自卑感，对上学抱有恐惧和畏难心态，因此就不想坚持上学了。这种状况的出现源于这部分学生的自身劣势。二是本人确实对读书没有兴趣，精力不能集中，这是厌学产生的主要原因，产生这种状况的因素也相当复杂，诸如有的家庭几代人没有文化，子女自小生活在这样的环境里，耳濡目染，这是启蒙阶段先天不足的结果；再如有的家庭对子女的言传身教多是世俗观念，谈不上学习的重要性和传输正确的学习方法，子女长期受到这种影响，也会逐渐生成厌学情绪。

不重视子女教育的观念至今在农村拥有较大的思想阵地，这主要是受"读书无用论"和就业压力的影响。"读书无用论"，这种落后的思想在城市基本上销声匿迹了，但在农村仍然有它的存活空间。认为读书无用是一部分农民的价值观和狭隘的功利主义的具体表现。他们对眼前的利益十分感兴趣，认为抓住短期收益是最重要的。其次是迫于子女升学和就业的压力。经调查发现，现在农民让子女读书的目的性十分明确：走出农村，改变命运。但是如果考不上中专或大学就毫无希望。所以农民在子女就学的时间上进行了算计，如果孩子学习成绩好，有希望考上中专和高中就让他进初中，如果没有希望，干脆连初中都不要读，小学毕业就够了，这也是为什么初中是失学高发阶段的一个原因。但如果为农民设身处地想一想，就会发现这种教育决策是在权衡利弊下做出的理性选择。由于城镇就业的前景渺茫，考不上中专和大学就注定要继续在农村务农，而继续选择读书，等同于家庭资金的无效投入，因为干农活并不需要多少书本知识。投资行为都要考虑成本与收益，农户的教育投资也同样遵循这一法则。子女如果考高中无望，再读初中就意义不大，因为这样做的机会成本太高：一是没有教育回报；二是子女年龄一般都在 13 岁以上，已经可以当作半个劳力使用了，能够帮助干些农活，减轻父母的负担。这就是农民认为读不读书没什么多大差别的观念。

4.3　子女失学和农户家庭状况的关系

在以上对农户子女失学原因调查的基础上，进一步对失学原因产生的背景，即对失学子女农户家庭的基本状况给以考察，以失学原因和农民家庭状况进行组合对比，找出失学原因的内生机理。描述农户家庭状况的指标很多，考虑到研究的目的是寻找家庭状况与子女失学原因的相关程度，因此选择了三个可能最具有相关性的农户指标。

1. 农户家庭全年纯收入。该指标是一个时点数据，用来反映农户家庭的总体经济状况，这个指标的年度率变化也是较大。为便于下面进行聚类，对农户家庭全年纯收入进行了先期处理。处理方法是，将纯收入按高低分为 5 组，各组的分组标志为：第 1 组为 12 000 元以上，第 2 组为 9 000~12 000 元，第 3 组为 6 000~9 000 元，第 4 组为 3 000~6 000 元，第 5 组为 3 000 元以下。

2. 家庭主业类型。该指标是一个相对稳定的截面数据，用来反映农户的家庭经营情况，在从业类型这个层面上把握其经济活动的特点。主业类型分为：种植业，养殖业，工业和建筑业，商、饮、服和其他行业。

3. 父母文化程度。该指标也是一个十分稳定的截面数据，用来反映失学子女父母的受教育水平，以考察父母的文化程度与子女的受教育状况是否有必然联系。文化程度分为：文盲、半文盲，小学，初中，高中及以上。

按照上述三个指标，将 73 家有子女失学的农户按照层次聚类法（Hierarchical Cluster Procedures）进行聚类分析。采用离差平方和法（Ward's Method）计算类与类之间的距离，其树状聚类图如图 4-1 所示。

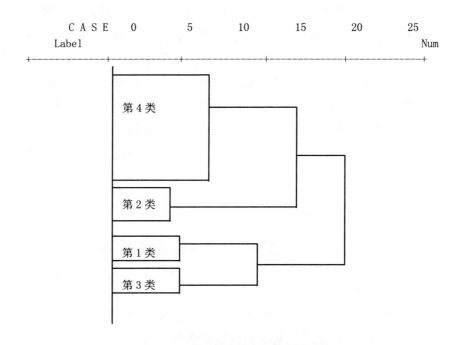

图 4-1 树状聚类图：离差平方和法

Figure 4-1 dendrogram tree：ward methods

离差平方和法的分类结果如表 4-7 所示。

将以上聚类分析形成的 4 类农户与 5 种失学原因进行交叉对照，可以测度出农户家庭基本状况与子女失学原因的关联性及程度（见表4-8）。

表4-7　子女失学农户的分类结果

Table 4-7　Classification results of farmers out of school children

类别	农户基本特征	类规模（户数）
1	高收入、经营非农产业、父母初中文化	9
2	高收入、经营种植业、父母小学文化	13
3	中等收入、经营非农业、父母小学文化	9
4	中低收入、经营种植业、父母小学或初中文化	164

（数据来源：据实地调查整理）

研究结论是：第一，农户家庭纯收入与因"交不起上学费用"而失学的农户比例成反比。但值得注意的是，各类农户中都有因此原因而导致子女失学的，并不符合一般推断的在中高收入组农户中经济因素对上学将不构成威胁的假设。第二，"子女不想上学"是各类农户子女失学的首位原因，而在高收入组农户中比例更高。第三，父母文化程度和家庭经营类型对子女失学原因并未构成实质的影响，或者说，这两项对子女失学原因的作用不显著，这与一般推断的父母文化程度高就一定让子女多读书不吻合。

表4-8　各类子女失学农户的失学原因构成（%）

Table 4-8reasons conpostion of children out of school for the farmers with different number of children（%）

	交不起上学费用	家里需要帮手	上几年学就够用了	上不上学差不多	子女不想上学
1	22.2		11.1		66.7
2	15.4	15.4			69.2
3	22.2	11.1			66.7
4	35.4	6.1	2.4	11.0	45.1

（数据来源：据实地调查整理）

如果说第4类农户由于家庭纯收入低、经济困难，交不起上学费用而导致子女失学完全在情理之中，但为何属于高收入阶层的第1类、第2类农户中竟然也有一定比例的农户因此而失学呢？通过对这一部分农户的其他家庭状况指标的分析，如家庭收入来源、家庭支出中的现金比例、家庭消费支出构成等，发现了以下几个特点：一是这部分高收入户其收入来源大部分或全部是外出劳务收入；二是各项支出以现金为主；三是生活消费支出占全年总支出一般在 85% 以上。

这三个特点透露出潜藏在其高收入背后的两个突出矛盾：第一，收入高的同时伴随较高的消费水平。这是以外出劳务收入为主要收入来源农户的显著特点。由于这些农户是携全家外出打工，在城市的所有消费都需要以现金支付，这些费用就花掉了其大部分收入。第二，生活消费高的同时伴随支出结构的改变，这实质上是由第一个变化衍生出来的，消费支出中的大部分都用于食品、交通、房租、水电煤气费的上面，其他诸如文化、卫生、医疗根本就很难顾及了。其实这也是这些农民在城市生活中迫不得已的选择。因为农村的许多实物性生活消费在城市中必须要使用现金消费，而且这部分现金消费又是与人的自然生存密切相关，几乎多是刚性的支出。还需要着重指出的是，城市的学生上学费用和正常生活开支远非上农村学校可比，外出打工的农户虽然挣到了比在家乡务农多几倍的收入，但仍可能交不起这笔上学费用。

综上所述，外出打工农户在较高的生活消费水平、消费结构变化和城市就学高门槛的多重压力下，因交不起上学费用而导致子女失学的现象就出现了，应当说这部分子女失学和在农村中失学孩童相比性质是不同的，由于城镇生活的消费方式和特殊的上学成本，使得本来可以在家乡不失学的子女在异地他乡陷入无学可上的境地。

4.4　结论与讨论

根据上述研究可以发现，农户子女数量与失学率呈正相关关系，而且失学主要发生在初中阶段。另外，农户在子女接受义务教育问题上，存在着严重的性别偏好，女性失学率明显高于男性失学率。农户子女失学的原因主要有三方面：一是子女没有认识到接受教育的重要性，认识比较肤浅；二是农户家庭经济能力差，交不起学费，或者是家务劳动需要帮手；三是父母的观念落后，认为上几年学就够用了，进而不再继续送子女求学。对农户家庭经济状况与失学原因进行聚类分析发现，农户家庭纯收入与因"交不起上学费用"而失学的农户比例成反比，但各类农户中都有因此原因而导致子女失学的；"子女不想上学"是各类农户子女失学的首位原因，而在高收入组农户中比例更高；父母文化程度和家庭经营类型对子女失学原因并未构成实质的影响。

　　基于上述对失学儿童的实证研究，我们认为，要促使农户加大正规教育投资，一是继续实施计划生育政策，严格控制农村生育率；二是通过宣传教育改变农村居民重男轻女的传统观念，提高女性子女受教育水平；三是继续实施农村义务教育的优惠政策，降低接受教育的成本，让农民"交得起学费"；四是加大对"教育为本"的宣传教育，让农民深切认识到受教育对儿女成才的重要性，严防"读书无用论"在农村的传播，让农民"想多送几年学"，让子女"非常想上学"；五是采取有效措施，降低初中阶段失学率。当然，促进农民增收能提高农户经济能力，进而能避免其教育投资行为的预算约束，这是最根本的方面。

第五章　农户参加技术培训行为的实证研究

　　参加技术培训是农户获取现代农业科技的主要方式，是农村人力资本培育的重要方面。这种培训既包括由当地政府或社会团体组织的专题培训班或农民技术学校，也包括农户参加的一些非正式的培训活动。比如，农户在家中收看中央台第七套节目中的农业科普节目，再如，参加政府组织的农业专家送科技下乡活动，等等。Schultz（1964）提出了农民教育与培训在改造传统农业中的重要性，运用自己创造的"经济增长余数分析法"测算出，美国1929—1957 年国民经济增长额中约有 33% 是由教育形成的人力资本做出的贡献[59]。Kim、Young Pyong（1985）等的研究表明，韩国"新村运动"实践的成功也在于注重农民的"勤勉、合作与自助"培训[60]。

　　由于培训对于解决"三农"问题的重要性，近年来我国学者从五方面加强了相关研究。一是对农民的农业技术培训需求的现状、特点和问题进行调查研究[61-62]。二是实证研究农民培训需求的影响因素。研究表明，农耕者的个体特征、农民家庭特征、培训机会的获得、教育程度、人均年收入、从事行业种类对农民是否参加教育培训有较大影响[63-66]。三是农民培训效果的评价。刘纯阳、田千禧（2010）以 A 基金会在湖南西部开展的农民培训项目为例，评价了 NPO 新型农民培养项目的运行效果，研究表明：相对于政府提供的新型农民培养服务而言，NPO 项目由于其务实风格和一贯注重项目管理的组织原则，使得其培训效果较好[67]。高翠玲（2010）构建了一个由 3 个部分、4 个层次、以需求调查概率、培训方法、培训内容、培训时间等 31 个指标组成的农民培训评估指标体系[68]。四是返乡农民工和留守农民的培训模式研究[69-71]。比如，蒋洋等（2010）以绵竹市为例研究了灾区农民生计培训需求及模式，建立了以镇村社区培训、职业技术培训、SIYB 培训和企业培训为基础的四种培训模式[72]。五是农民培训对农民就业和收入增长的影响。任国强、薛守刚（2009）利用天津市农调队 2003 年数据进行了实证分析，结果表明培训是影响农户就业选择和收入增长的一个重要因素[73]。

客观地说，国内外对农民技术培训的研究已经比较成熟，研究方法上趋于实证研究，研究内容比较全面。如前所述，许多学者研究农民培训需求的影响因素，但这是从供给和需求两个方面来构建模型的，比如农户接触培训机会的可能性和农户家庭经济收入。实际上，即使在培训供给充足的情况下，农户也未必会参加培训。也就是说，需求方面的因素对农户参加培训的影响更大。但是，很少有文献专门研究农户参与培训的决策行为，或者说，是哪些因素影响了农户参与培训的决策。近年来，湖南省政府高度重视进城务工农民的问题，开展了以"进城务工，帮您解难"为主题，旨在提高农民技能，以农村富余劳动力、被征地农民、返乡农民工为服务对象的"春风行动"。笔者对湖南省14个市（州）的农村开展随机调查，拟实证分析影响农户参与培训决策的影响因素。

5.1 样本农户描述性分析

如前所述，样本数据来自在湖南省14个市（州）农村的问卷调查，每个市（州）随机调查了80户农户，共收回问卷1 120份。剔除信息残缺以及有明显错误的问卷，最后剩下有效问卷1 040份。调查员为岳阳职业技术学院2015级国际经济与贸易专业的本科生，调查时间是2016年1~2月。调查问卷请见附录。

技术培训是为了提高农民的技术素质和经营技能。为了了解被调查农户的技术素质和经营知识，在调查问卷中设计了4个问题："您对抛秧技术的熟悉程度如何""您是否知道农药的安全使用程序""您使用农业机械的熟练程度如何""下一年种植哪种农作物是根据什么决定的"。表5-1、表5-2、表5-3、表5-4分别列出了被调查农户的回答情况。

显然，样本农户对农业科技的掌握程度并不是很高，不太了解和一点也不了解抛秧技术的农户占比31.47%；有32.23%的样本农户对农药的安全使用方法不太了解或根本不了解；有53.24%的样本农户不会使用耕整机、农用水泵等农业机械。而且，农户经营素质也不高，在下一年作物品种选择上主要凭借习惯和当年市场行情，没有预测分析行为。

知识培训，有 40.67% 的农民希望获得非农技能培训，对农产品营销知识和乡风礼仪知识的需求并不高。另外，样本农户对农业技术知识的培训需求，主要是土壤配方、动物养殖、动物疫情防治、农作物虫害防治等方面，对节水灌溉、果蔬栽培等方面的培训需求相对较低。

5.2　实证模型及变量

本文构建了"是否参与培训"的 Logit 模型，研究在 k 个解释变量 x_i 的情况下农户参加培训（不仅仅是农业技术培训，还包括法律知识、乡风礼仪等方面的培训）的条件概率。将采纳的条件概率标注为 $P(y_i = 1 \mid x_{1i}, x_{2i}, \cdots, x_{ki}) = p_i$，采纳概率 p_i 与未采纳概率（$1 - p_i$）之比被定义为采纳行为发生比（odds）。对这个发生比取自然对数，就能得到 Logit 模型形式：

$$\ln\left(\frac{p_i}{1 - p_i}\right) = \alpha + \sum \beta_k x_{ki}$$

模型的具体形式为：

$$Y^* = \alpha + \beta X + e$$

其中，Y 是实际观测到的因变量，表示农户是否参加过培训，是一个二分类变量，当农户参加过培训时，取值为 1；当农户没有参加过培训时，取值为 0。

X 是实际观测到的自变量。理论上看，影响养殖户采纳决策的影响因素很多，而且在模型研究之前是无法确定各种因素显著性的。因此，本文将近乎所有可能的因素均纳入到了初始模型之中。包括：户主特征变量（户主性别、户主婚姻状况、户主周岁年龄、户主受教育年度、户主是否中共党员、家中是否有干部）；心理认知变量（对培训实用性的认识）；社会经济变量（家庭务农劳动力人数、当年家庭纯收入、是否获得非农收入）；自然特征变量（农户耕地面积）；政策制度变量（农户获取培训信息的渠道数、是否参加农民专业合作经济组织、当地政府是否组织过培训、政府是否有补贴）。模型变量赋值及其预期方向如表 5-8 所示。

表 5-8 自变量定义及预期方向

Table 5-8 definition of the independent variables and the expected direction

变量名	定义	量纲	预期方向	平均值
性别	男/女：1/0		+	0.94
婚姻状况	已婚/单身：1/0		？	0.98
年龄	实际周岁	岁	－	46.24
受教育程度	正规学校教育年限，取值为 0-16	年	+	7.98
是否中共党员	是/否：1/0		+	0.20
是否有干部	是/否：1/0		+	0.11
对培训实用性的评价	无/一般/很大：1/2/3		+	2.27
家庭劳动力人数	家庭常年在家务农人数	人	+	2.47
当年农户家庭纯收入		元	+	27 707.9
是否有非农收入	是/否：1/0		+	0.39
是否获得了政府补贴	是/否：1/0		+	0.33
政府是否组织过培训	是/否：1/0		+	0.27
农户获取培训信息的渠道数	取值 0-5	个	+	2.66
是否参加了专业合作组织	是/否：1/0		+	0.34
农户耕地面积	实际面积	亩	？	3.60
注："+、-"表示正向和负向关系；"？"表示方向不确定				

本研究提出如下研究假说：

假说 1：男性农户由于参与农业生产时间相对较多，接触外界信息的可能性相对较大，因此比女性农户更有可能参加培训；年龄大的农户农事经验越丰富，越不可能参加培训；农户受教育程度越长，对现代农业技术的信任度越高，就越有可能参加培训；党员农户更有可能响应政府号召去参加培训。

假说 2：农户对培训的实用性评价越高，也就是说，认为培训确实能提高自身的农业生产技能，则越有可能参加培训。

假说 3：家庭劳动力比较多，则即使在农忙季节，也能抽出劳动力参加培训，参加培训的可能性越强；当年农户家庭纯收入越高，经济能力越强，越有可能参加培训，尤其是那种需要付费的培训；农户家庭有非农收入，意味着对非农技术的需要程度越高，则越有可能参加培训。

假说 4：农户获得了政府的培训补贴，分摊了其参与培训的成本，则更可能参加培训；如果政府组织过培训班，农户则更有可能参加，否则反之；农户获取培训信息的渠道数越多，则更有可能参与培训；参与了农村专业合作组织或协会的农户，由于协会提供有关培训信息，因此更有可能参与培训。

假说5：耕地面积大，农户需花在农业生产上的时间长，因此，少有时间去参与培训；但是，耕地面积越大，农业生产规模就越大，农户更加需要现代农业技术来提高劳动生产率和土地产出率，因此，更有可能去参与培训。因此，耕地面积对是否参与培训的影响不确定。

5.3 参数估计及结果

本文采用最大似然估计方法进行模型参数估计。为了避免多重共线性的问题，笔者采用逐步后退法来筛选模型自变量。这种筛选变量方法的原理是，在包括所有候选自变量的模型的基础上，按事先给定的剔除变量 P 界值逐一剔除，在每次剔除后，再对模型外变量按照事先给定的引入变量 P 界值进行检验，把符合引入条件的变量又逐一引入模型，这样直到模型内每一变量均不能被剔除、模型外每一变量均不能被引入时方告结束。在本研究中，剔除变量 P 界值设定为 0.11，引入变量 P 界值设定为 0.10，这样，模型中所有自变量均能在 0.1 水平上保持统计显著性了。

考虑到 Logit 模型的性质，我们不但提供了以对数发生比为因变量的系数值，还计算了各自变量的发生比率和对预测概率的边际效果。拟合优度检验均采用似然比卡平方检验和 Hosmer-Lemeshow 检验，预测准确性检验采用类 $R2$ 指标和预测分类指标。由于模型中有连续自变量，协变类型数量会很大，进而使得许多协变类型只有很少的观测值，于是在进行 HL 检验时，我们根据预测概率值将数据分为大致相同规模的 10 组，再做 Pearson 检验。在进行预测分类检验时，概率界限设定为 0.5，也就是说当一个观测的预测事件概率值大于或等于 0.5 时，则被分入预测事件发生的类别，否则被划入预测事件不发生的类别。

本文采用 Stata10.0 软件进行模型拟合和上述操作。

模型运行结果如表5-9所示。农户是否参加培训受到农户年龄、受教育程度、当年农户家庭纯收入、农户对培训实用性评价、农户获取培训信息渠道数、农户耕地面积这几个因素的影响。模型的似然函数值为 -36.58。似然比卡平方值为 34.25，统计上显著；HL 值为 4.33，P 值为 0.323 9，统计上不显著，这两个指标及其 P 值均能说明此模型的拟合优度很好。模型敏感度的值为 67.83%，表明有 67.83% 的采纳户被正确地预测到采纳了沼气技术。模型指定度的值为 93.94%，表明有 93.94% 的未采纳户被正确地预测到未采纳沼气技术。模型预测总正确率为 82.30%，表明模型预测采纳和未采纳的总准确率为 82.30%。所以，模型预测准确性是比较好的。

表 5-9 模型运行结论

Table 5-9 model runs Conclusion

Variable	Coef.	Std. Err	Z	P>Z	Odds Ratio	Marginal Effect
_ cons	22.832 1	5.524 1	8.62	0.000		
农户年龄	-3.159 5	1.128 6	-2.11	0.045	0.092 6	-0.526 2
农户受教育程度	2.216 9	0.446 0	-2.42	0.002	0.302 1	0.200 3
当年农户家庭纯收入	-39.019	13.254 0	-2.65	0.001	1.01×10^{-12}	-6.528 4
对培训实用性评价	2.129 6	0.213 5	-1.72	0.052	0.323 2	0.212 5
获取培训信息渠道数	1.863 4	0.254 6	3.56	0.062	3.109 3	0.217 1
农户耕地面积	-4.521 6	1.254 0	-3.01	0.005	0.010 9	-0.434 4

Log likelihood：-36.582 4

LR chi2=34.25　Prob>chi2=0.000 0　Pseudo R2=0.308 3

Hosmer-Lemeshow chi2=4.33　Prob>chi2=0.323 9

Classified if predicted Pr>=0.5：

　Model sensitivity（n=17）　　67.83%

　Model specificity（n=62）　　93.94%

　Correctly classified（n=79）82.30%

（1）农户年龄与参与培训决策呈负相关关系。原因是：农户年龄越大，农事经验越丰富，对自身的农业生产技能信任度很强，难以接受新技术，也对现代农业技术不太信任，故而更不可能参加技术培训。在控制其他变量的情况下，农户年龄每增加一个单位，农户参加培训的预测概率减小 0.526 2 个单位。

（2）农户受教育程度与参与培训决策呈正相关关系。原因是：农户受教育程度越高，对农业科学技术的信任度越高，而且其对技术实用性的评价能力越强，因此，更有可能参加技术培训。在控制其他变量的情况下，农户受教育程度每增加一个单位，农户参加技术培训的发生比会增加 0.30 倍，预测概率会增加 0.200 3 个单位。

（3）当年农户家庭纯收入与参与培训决策呈负相关关系。这与我们的研究假说相反。可能的解释是，农户家庭纯收入越高，其用于农业扩大再生产的要求就越高，这样，就减少了投资于培训方面的可能性。在控制其他变量的情况下，家庭纯收入每增加一个单位，农户参加技术培训的发生比会减小 $1.01×10^{-12}$ 倍，预测概率会减小 6.528 4 个单位。

（4）农户对培训实用性的评价与参与培训决策呈正相关关系。理由是明显的：当农户认为这个培训很实用，确实能提高自身的劳动技能，进而提高劳动生产率和土地生产率，则他更有可能参与技术培训。在控制其他变量的情况下，对培训的评价值每增加一个单位，农户参加技术培训的发生比会增加 0.323 2 倍，预测概率会增加 0.212 5 个单位。

（5）农户获取培训信息渠道数与参与培训决策有正相关关系。在很多情况下，农户之所以没有参加培训，是由于不知道有培训班。因此，信息的可获得性非常重要。在控制其他变量的情况下，获取信息渠道数每增加一个单位，农户参加技术培训的发生比会增加 3.109 3 倍，预测概率会增加 0.217 1 个单位。

（6）农户耕地面积与参与培训决策有负相关关系。原因是，耕地面积越大，需要更多劳动力投入到农业生产中去，生产时间很长，挤占了用来学习培训的时间，因此降低了参与培训的可能性。具体来说，在控制其他变量的情况下，耕地面积每增加一个单位，农户参加技术培训的发生比会降低 0.010 9 倍，预测概率会降低 0.434 4 个单位。

5.4 结论和讨论

上述研究表明，农村技术培训工作的覆盖面并不是很广，主要是通过广播、电视等媒体的科普方式开展的，政府很少在农村举办技术培训班。当前，农户对农业科学技术的掌握程度并不是很高，农产品经营素质也不高。但是，农户的培训需求很高，主要是土壤配方、动物养殖、动物疫情防治、农作物虫害防治等方面技术，还包括非农技术和法律知识等方面。实证研究表明，农户是否参加培训与农户年龄、当年农户家庭纯收入、农户耕地面积这三个因素呈负相关关系，与农户受教育程度、对培训实用性评价、获取培训信息渠道数这三个因素呈正相关关系。

因此，要加强农村技术培训工作，不仅仅是农业技术的培训，还包括乡风礼仪、法律知识、农产品营销等方面的知识，进而提高农村人力资本存量水平。一是要科学组织农村培训工作，在培训开展之前，要就培训时间、培训地点、培训技术实用性等方面内容在农村进行沟通协调，进而加强农民对培训的了解，使其对培训有一个积极的认识。二是要提高农村信息化水平，这既能提高农民获取信息的渠道数，还能为农户接受网络远程教育提供可能。三是大力加强农村正规教育，提高农民受教育水平和科学素养。

第六章　农户外出务工决策行为研究

人力资本迁移是人力资本培育的重要途径之一。本章研究农村人力资本外出非农就业行为的决策机制，或者说，是哪些因素影响了农户非农外出务工。进一步地，本章我们将主要回答以下几个问题。第一，农户为什么迁移就业务工，或者说是哪些因素促使农户做出外出务工的决策？第二，哪些农户更有可能从事外出非农活动？在本章中，我们首先将比较不同农户家庭在家庭特征和地区特征方面的差异；其次，我们将利用概率模型分析不同因素对家庭非农务工参与行为的影响；最后，我们将总结本章实证分析结果。

6.1　样本农户描述性分析

如前所述，样本数据来自在湖南省 14 个市（州）农村的问卷调查，每个市（州）随机调查了 80 户农户，共收回问卷 1 120 份，有效问卷 1 040 份。湖南劳务输出大省，调查时逢春节假期和农闲季节，许多外出务工劳动力均已回乡过节。因此，接受采访的农户既有农村留守劳动力，也有外出务工劳动力。而且，这些农户刚好面临今年（2017 年）是否继续外出务工的选择。这里，"务工"界定为工作时间至少 90 天并获取非农工资收入的行为。"外出务工"意指在本县（市）其他乡镇务工或是在外县（市）或外省从事非农活动。

我们把被调查家庭分为两类，即本地务农家庭、外出务工家庭，并从农户受教育程度、家庭子女数、收入是否够用、务工或务农年纯收入、耕地面积、社会关系、同村是否有务工者等方面比较两类农户家庭的特征。表 6-1 列出这些家庭的部分特征。

表6-1 不同类型农户家庭特征比较
Table 6-1 Comparison of different types of rural households

指标	单位	本地务农		外出务工	
		均值	标准差	均值	标准差
农户受教育年限	年	6.21	1.70	9.12	1.17
学龄前儿童数	人	1.71	0.63	0.65	0.61
家中就读子女数	人	2.38	0.74	1.52	0.83
家庭老人数	人	1.31	0.62	0.27	0.57
家庭人均年收入	千元	8.02	0.15	9.05	0.09
在当地富裕程度		1.53	0.71	1.65	0.68
收入是否够用		0.86	1.08	0.43	1.47
家庭劳动力数	人	3.01	0.50	2.36	0.47
耕地面积	亩	0.28	0.45	0.27	0.44
是否有亲戚在外县		0.23	1.12	0.85	1.47
同村是否有务工者		0.35	1.23	0.87	1.05

比较三组家庭特征，我们可以得出以下初步结论。

第一，外出务工农户的受教育程度要高于其他两种类型农户，本地务农的农户受教育程度较低。而且，务工行为与家庭中小孩及老人数量相关。外出务工家庭的学龄前儿童数偏少，而本地务农家庭的学龄前儿童数偏多。家中就读子女数，无论是读初中还是读高中，也表现出这种特征。另外，本地务农家庭中的老人数最多，而外出务工家庭中老人数最少。

第二，从家庭人均年收入指标来看，外出务工家庭收入相对高于本地务农家庭的收入。值得注意的是，二者收入差距并不是很大。可能的原因是，近年来国家出台了大量的农业优惠政策，在乡务农的收入逐渐增长。而在外地务工的生活成本高昂，加之每年回乡的迁移成本大，因此，外地务工家庭的收入与在本县务工家庭相当。这似乎能从某种程度上解释近年来沿海地区"用工荒"现象。

第三，外出务工家庭相对富裕。但是，相对于本地务农家庭，外出务工家庭的收入不够用问题更为严重。可能的原因是，在外地生活成本、人情成本、迁移成本相对较高。

第四，社会关系对务工决策有显著影响。外出务工家庭的社会关系较为广泛，在外县一般有亲戚。而且，农户务工决策的从众现象很明显。外出务工农户所在的村，一般都有为数不少的外出务工者。

6.2 实证模型及变量

本文构建了"是否外出务工"的多元因变量 Logit 模型，模型形式如第五章所述。我们将农户决策分为两类：留守本地务农、外出务工。因此，模型中 Y 是实际观测到的因变量，表示农户外出务工决策，是一个二分类变量。当农户决定在本地务农，取值为 0；当农户决定外出务工时，取值为 1。X 是实际观测到的自变量。

表6-2 模型的变量定义及预期方向

Table 6-2 definition of the variables and the expected direction

变量名	定义	单位	预期方向
农户受教育年限（EDU）	接受正规教育年限	年	+
学龄前儿童数（CHI）	家庭中 1 岁以上，6 岁以下的儿童人数	人	?
就读子女数（STU）	家庭中正在读书的子女数	人	?
家庭老人数（OLD）	60 岁以上男性、55 岁以上女性的人数	人	?
家庭人均收入（INC）	家庭人均绝对收入	千元	+
在当地富裕程度（RIC）	低＝1，中＝2，高＝3		−
收入是否够用（ENO）	不够用＝1，刚刚够用＝2，有剩余＝3		−
家庭劳动力数（LAB）	16 岁以上、到 65 岁以下的人数	人	+
平均工资比较（SAL）	外出务工的工资较高＝1，否则为 0		−
耕地面积（LAN）	家庭实际耕地面积	亩	−
社会关系（SOC）	是否有亲戚在外县，虚拟变量：有＝1		+
同村是否有务工者（PAR）	虚拟变量：有＝1		+
注："+、−"表示正向和负向关系；"?"表示方向不确定			

基于 Rosen（1985）的收入均等化理论[74]，Zhao Y H（1999）从流动收益和成本方面[75]、吕开宇（2006）从农村留守儿童教育方面，分析了影响农

村劳动力个人流动的一些因素，包括教育、年龄、土地面积等[76]。另外，蔡昉等（2003）也从迁移劳动力个人角度，检验相对经济地位变化对于农户迁移的影响[77]。借鉴他们的研究方法，我们选择如下变量纳入到实证模型中。包括农户特征变量（农户受教育年度、学龄前儿童数、就读子女数、家庭老人数）；社会经济变量（家庭人均收入、在当地富裕程度、收入是否够用、家庭劳动力数、各地就业工资比较）；自然特征变量（耕地面积）；政策制度变量（社会关系、同村是否有外出务工者）。模型变量赋值及其预期方向如表6-2所示。

本研究提出如下研究假说。

（1）具有较高教育文化程度的人在获取就业信息、被雇主甄别选择等方面的概率较高。因此，农户受教育年限越高，在外地务工的就业概率越高，获取高收入的可能性越大，越有可能选择务工。

（2）家庭中小孩（学龄前儿童数和就读子女数）和老人数对务工决策的作用方向很难确定。一方面，小孩人数越多，越需要有人照顾，同时伴随孩子年龄的提高，照顾的时间可能也会减少；另一方面，孩子越多家庭负担越重，家庭可能为了挣更多钱养家而选择参与务工。老人也是如此，有两方面影响。

（3）家庭人均收入对务工决定作用方向为正。因为务工需要支付一定的成本，而且需要承担一定的风险，因此一定的收入对于务工是必要的。

（4）在当地富裕程度以及收入是否够用，与务工决策呈负相关关系。因为家庭比较富裕，收入够用的话，农户可能倾向于在本地从业，而不是在外奔波。

（5）劳动力资源越丰富，劳动力供给能力越强，越有利于农户从农业转移非农产业，因此预期它对务工行为有正的影响。

（6）外地就业的平均工资越高，农户越倾向于选择外出务工行为。

（7）耕地面积则用来反映农业生产对劳动力的需求程度，耕地面积越大，家中需要的劳动力就越多，预期它对迁移有负的影响。

（8）社会关系，包括同村是否有务工者，都可能增加家庭获取在外务工的信息概率，预期对务工决策有正的影响。

6.3 参数估计及结果

采用极大似然估计法（MLM）进行参数估计。这种方法具有一致性、有效性和正态性的统计性质，但保持这些性质要求样本规模很大。Aldrich and Nelson（1984）认为，最大似然估计的大样本性质一般维持得较好，即使在中等规模样本（比如 $n=100$）的条件下也能够接受[78]。因此，本研究的样本规模为 1 040，为大样本，完全符合应用这种方法的需要。

采用逐步后退法来筛选模型自变量，以避免多重共线性的问题。在这里，剔除变量 P 界值设定为 0.11，引入变量 P 界值设定为 0.10，这样，模型中所有自变量均能在 10% 水平上保持统计显著性了。考虑到 Logit 模型的性质，这里不但提供了以对数发生比为因变量的系数值，还计算了各自变量的发生比率和对预测概率的边际效果。拟合优度检验均采用似然比卡平方检验和 Hosmer-Lemeshow 检验，预测准确性检验采用类 $R2$ 指标和预测分类指标。在进行预测分类检验时，概率界限设定为 0.5。采用 Stata9.0 软件进行模型拟合操作。结果如表 6-3。

表6-3 模型运行结果

Table 6-3 model runs Conclusion

Variable	Coefficient	Std. Err	Z	$P>Z$	Odds Ratio	Marginal Effect
_ cons	-5.566 6	2.194 0	-2.54	0.011		
EDU	2.590 9	0.824 5	3.14	0.002	13.234 5	0.051 2
STU	-0.000 1	0.000 0	2.20	0.028	1.021 3	0.495 8
INC	-0.353 1	0.196 1	1.80	0.072	1.423 5	0.001 7
LAB	3.403 3	1.517 1	2.24	0.025	1.073 0	0.016 3
SAL	1.428 9	0.775 9	1.84	0.066	4.174 2	0.009 5

Log likelihood：-26.011 9

LR chi2＝28.76　Prob>chi2＝0.000 0　Pseudo R2＝0.338 9

Hosmer-Lemeshow chi2＝2.83　Prob>chi2＝0.860 1

Classified if predicted P_r＞＝0.5：

　　Model sensitivity（$n=126$）　98.44%

　　Model specificity（$n=3$）　25.00%

　　Correctly classified（$n=129$）　92.14%

具体解释如下：

（1）农户受教育程度，与外出务工决策有正向相关关系。原因是明显的：受教育程度越高，获取信息能力和技能掌握程度越高，越有可能获取就业机会，就业概率会越高。在控制其他变量的情况下，受教育程度高的农户外出务工的发生比（Odds）约为13.23倍。当此变量值从0到1变化时，外出务工的预测概率增加0.051 2个单位。

（2）家庭就读子女数，与外出务工决策有负向关系。可能的解释是：父母对子女教育更为重视，由于外出务工会减少家庭教育的机会，因此降低了外出务工的概率。在控制其他变量的情况下，家庭就读子女数增加一个单位时，外出务工的发生比会减少1.0倍，预测概率会减小0.495 8个单位。

（3）家庭人均收入，与外出务工决策呈负向相关。可能的解释是：家庭人均收入越高，在本地就业的幸福感越强，就更不愿意背井离乡外出就业，即使外出务工收入相对高于当地务农收入。这从侧面可以反映出，农户外出务工决策并非全源于城乡收入差距，是否有归属感和幸福感是影响农民外出就业的重要决定因素。在控制其他变量的情况下，家庭人均收入增加一个单位时，外出务工的发生比降低1.42倍，预测概率降低0.001 7个单位。

（4）家庭劳动力人数，与外出务工决策有正向关系。其原因可能是：家庭劳动力越多，在满足农业生产需要之外的剩余劳动力越多，就有更多的劳动力可供外出务工，从而外出就业的可能性会越大。在控制其他变量的情况下，劳动力人数每增加一个单位时，外出务工的发生比会增加1.703 0倍，预测概率增加0.016 3个单位。

（5）平均工资比较，与外出务工决策有正向关系。理由是显然的：外地务工收入相对较高，农户更趋于外出就业。这说明，城乡收入差距仍然是影响农户迁移就业的重要影响因素。在其他变量不变的情况下，平均工资比较变量取值从0到1变化时，外出务工的预测概率增加0.009 5个单位。

模型的似然函数值为-26.01。似然比卡平方值为28.76，P值小于0.01，统计上显著；HL值为2.83，P值为0.860 1，统计上不显著，这两个指标及其P值均能说明此模型的拟合优度很好。虽然模型类$R2$值并不高，但预测分类检验的指标值都比较好。模型敏感度的值为98.44%，表明有98.44%的污染意识户被正确地预测到能意识到污染。模型指定度的值为25.00%，表明有25.00%的未意识户被正确地预测到未能意识到污染。模型预测总正确率为92.14%，表明模型预测污染意识户与未意识户的总准确率为92.14%。显然，模型的预测准确性检验是很好的。

6.4 结论及讨论

实证研究表明，农户外出务工决策的影响因素包括农户受教育程度、家庭劳动力人数、平均工资比较、家庭就读子女数、家庭人均收入。前三个因素与外出务工决策呈正相关关系，后两个因素与之呈负相关关系。表明，农户是否外出就业既取决于外地务工收入与本地务农收入之间的比较，也取决于对家庭子女教育的关注度以及在外地就业的归属感等方面因素。

因此，如果是要激励农户迁移就业，增加其人力资本积累的途径，提高人力资本积累水平，首先，要加强对农民的就业培训，提高其知识技能水平；其次，通过对农民工户籍制度、购房制度、医疗保险、子女教育等方面制度创新，改善农民工在城市的民生问题，降低其在外地的生活成本，既能增加归属感和幸福感，又能扩大城乡收入差距，进而吸引更多的农村优质劳动力进城就业；最后，政府要加大对农村留守儿童教育的投入，给予更大的关心，进而减少农民外出务工的后顾之忧。

第七章 农村人力资本医疗卫生投入研究：基于新农合视角

医疗卫生是农村人力资本培育的重要方面。本章从新型农村合作医疗（以下简称新农合）的视角，研究农户在医疗卫生方面的投入力度，研究新型农村合作医疗试点工作开展以来，究竟对农民，对卫生服务的需方产生了怎样的影响，它在促进农民的卫生服务利用，减轻农民因疾病所造成的经济负担，缓解农民"因病致贫、因病返贫"方面究竟发挥了什么样的作用？这是各级政府以及社会各界普遍关注的问题之一。

7.1 调查地区总体状况描述

如前所述，样本数据来自 2015 年在湖南省 14 个市（州）农村的问卷调查，每个市（州）随机调查了 80 户农户，共收回问卷 1 120 份，有效问卷 1 040 份。湖南省新农合试点工作始于 2003 年 7 月，选择了长沙县、华容县、桂阳县、涟源市、花垣县作为首批试点县，后来逐年增加试点县（市），到 2010 年已覆盖全省所有县（市）。为了深入研究新农合开展十二年以来的情况，2015 年通过问卷调查，将上述 5 个县作为首批试点县，其他县作为对照县，通过对比研究进而了解新农合对农民医疗卫生投入的影响。

新型农村合作医疗住户参合率是指已参合的农民住户数占有资格参加农村合作医疗总户数的比例。人口参合率是指已参合的农民人口数占有资格参加合作医疗的农民总人口数的比例。在调查的农民住户中，住户参合率为 82.7%；在调查的农民中，人口参合率为 77.0%。

在首批试点县中，65 岁及以上人口占 8.7%，参合农民中该比例为

8.5%，未参合农民为 9.3%，对照县为 8.5%。首批试点县文盲半文盲人口占 21.4%，参合农民中为 21.7%，未参合农民为 20.0%，对照县为 32.7%。首批试点县调查住户的人均年纯收入为 8 231 元，高于对照县（5 432 元）。首批试点县调查住户的人均年生活消费支出为 3 820 元，也高于对照县（2 980 元）。首批试点县调查住户的年人均医疗卫生支出为 701.6 元，较对照县稍高（420.6 元）。首批试点县参合家庭人均年收入 8 317 元，人均年支出 3 890 元，人均年医疗支出 710.6 元；未参合家庭相应数值分别为 7 645 元、3 012 元和 510.1 元。

表 7-1　调查农民各种医疗保险参加情况分布（%）

Table 7-1　distribution of surveyed farmers participation in the various health insurance（%）

	首批试点县		对照县	
	2009 年	2003 年	2009 年	2003 年
新型农村合作医疗	76.3	——	60.5	——
当地非新型合作医疗	——	23.0	——	5.9
各种社会医疗保险	1.2	4.8	0.6	1.5
纯商保	2.8	5.5	5.8	8.5
无保险	18.7	65.9	31.6	81.8
不详	1.0	0.8	1.5	2.4

（数据来源：据实地调查整理）

调查结果显示，在首批试点县，有 76.3% 的调查人口参加了新型农村合作医疗，有 1.2% 的人口参加了诸如城镇职工医疗保险、大病医疗保险、公费医疗和劳保医疗等社会医疗保险，有 2.8% 的人口没参加合作医疗和上述任何社会医疗保险，但购买了商业医疗保险，有 18.7% 的被调查人口没有任何医疗保险；对照县在 2016 年调查时有 60.5% 的农民参加了新型农村合作医疗，另外在 2003 年时有 5.9% 的对照县农民参加了当地的合作医疗（非新型农村合作医疗）。

7.2　样本农户卫生服务利用及支出

7.2.1　调查农民卫生服务利用

（1）两周就诊率。2009 年首批试点县的两周就诊率为 21.0%，参合农民 21.9%，未参合农民 18.0%。对照县的两周就诊率为 20.0%，与 2003 年比较，对照县增加了 5.1 个百分点。

（2）住院率。2009 年首批试点县的住院率为 3.94%，参合农民 4.29%，未参合农民 2.82%。对照县的住院率为 3.13%。与 2003 年相比，对照县住院率没有增加。如果排除住院分娩等只分析因疾病或损伤中毒住院的情况，2009 年首批试点县的住院率为 3.13%，参合农民 3.43%，未参合农民 2.19%。对照县的住院率为 2.54%。与 2003 年相比，对照县住院率均有所增加。

（3）患病两周未就诊比例。首批试点县的患病两周未就诊比例为 43.6%，参合农民 42.3%，未参合农民 48.4%。对照县的两周未就诊比例为 42.5%。与 2003 年相比，对照县两周未就诊比例下降了 2.3 个百分点。

（4）应住院未住院比例。2009 年首批试点县的应住院未住院比例为 35.6%，参合农民 34.2%，未参合农民 41.6%。对照县的未住院比例为 36.0%。

7.2.2　调查农民卫生服务费用

首批试点县的次均门诊费用为 94.3 元，参合农民用为 95.1 元，略高于未参合农民（91.3 元），对照县为 76.0 元。与 2003 年比较，对照县次均门诊费用均有所下降，但对照县下降幅度较大。

首批试点县的次均住院费用为 3 208 元，参合农民为 3 228 元，略高于未参合农民（3 107 元），对照县为 3 154 元。与 2003 年比较，对照县次均门诊费用均分别增加了 746 元和 408 元。如果排除住院分娩等只分析因疾病或损伤中毒住院的情况，各类县次均住院费用均有所增加，首批试点县为 3 562 元，参合农民用为 3 581 元，略高于未参合农民（3 466 元），对照县为 3 484

元。与 2003 年比较，对照县次均门诊费用增加了 574 元。

表 7-2　各类调查县农民健康、卫生服务利用及费用状况

Table 7-2　health situtation，health care utilization and its costs of all kinds of surveyed County

	首批试点县			对照县	
	合计	参合	未参合	2009 年	2003 年
两周患病率（%）	19.7	20.3	17.6	18.5	14.2
慢性病患病率（病例,%）	16.3	17.0	13.7	15.2	10.8
两周就诊率（%）	21.0	21.9	18.0	20.0	14.9
住院率（%）	3.94	4.29	2.82	3.13	3.24
住院率（因疾病或损伤,%）	3.13	3.43	2.19	2.54	2.35
两周患病未就诊比例（%）	43.6	42.3	48.4	42.5	44.8
应住院未住院比例（%）	35.6	34.2	41.6	36.0	26.8
次均门诊费用（元）	94.3	95.1	91.3	76.0	109.6
次均住院费用（元）	3 208	3 228	3 107	3 154	2 746
次均住院费用（因疾病或损伤，元）	3 562	3 581	3 466	3 484	2 910

（数据来源：据实地调查整理）

7.3　参合农民卫生服务利用情况变化

7.3.1　在相同健康状况下参合对农民患病就诊与未就诊的影响

在三组 15 岁以上人群（下同）自评健康状况"好""一般"和"差"中，参合农民的就诊率均高于自评健康状况相同组的未参合农民和对照县农民，各组参合农民的患病者未就诊率也明显低于未参合农民，与对照县农民相比，自评健康状况"好"和"一般"的患病者未就诊率也相对较低，自评健康状况"差"的患病未就诊率则相近。

家中有慢性病患者和无慢性病患者两组的参合农民两周就诊率均高于相应组的未参合农民和对照县农民，患病者未就诊率均低于未参合农民，而家中无慢性病患者的患病者未就诊率明显低于对照县农民，有慢病患者的未就诊率则相近。

在两周急性病患者中，自感病情"不严重"和"严重"的参合农民的两周就诊率略高于未参合农民，自感病情"一般"的参合农民的两周就诊率略低于未参合农民，参合农民的患病未就诊率均低于未参合农民。与对照县农民相比，自感病情"一般"的就诊率明显较高，而"不严重"和"严重"患者则略低，其患病未就诊率也是自感病情"一般"患者明显较低（$X2 = 30.31$，$P = 0.000$），而"不严重"和"严重"患者则很接近（统计学检验均不显著）。

表7-3 2009年调查各种健康因素的参合、未参合及对照县农民两周就诊率与患病者未就诊率

Table 7-3 participation of various health factors together, and the control did not participate in the county farmers co-treatment rate and the sick for two weeks without treatment rate in 2009

	参合农民		未参合农民		对照县农民	
	就诊率	未就诊率	就诊率	未就诊率	就诊率	未就诊率
合计	21.87	42.28	17.99	48.44	17.73	46.05
自评健康状况						
好	8.36	44.44	7.24	48.95	6.33	55.00
一般	50.30	44.08	39.78	53.32	38.62	46.34
差	112.26	41.51	86.80	51.82	75.85	41.74
家中有否慢性病患者						
无	11.80	40.97	10.60	46.22	8.64	51.09
有	37.41	42.94	31.67	49.79	34.18	43.47
两周患急性病人群						
不严重	80.11	48.48	76.14	53.69	86.60	46.39
一般	110.82	36.82	114.75	40.99	88.32	52.69
严重	176.28	26.48	171.94	30.61	187.76	23.47

（数据来源：据实地调查整理）

7.3.2 同收入下参合对农民患病就诊与未就诊的影响

参合农民的各收入组的就诊率均高于相应的未参合农民的各收入组，其

未就诊率均低于未参合农民的相应各收入组。可见在只考虑同等相对收入水平的情况下，参合农民的利用率要高于未参合农民，同时有病不看的比例也相对较低。与对照县农民相比，参合农民最低收入组、次低收入组与中间收入组的就诊率相对较高，而次高和最高收入组差异不大，而未就诊率也是前三个收入组相对较低。（详见表7-4）

表7-4　2009年同收入下参合、未参合及对照县农民两周就诊率与患病未就诊率

Table 7-4　under the Senate combined with the income, not Senate combined two weeks of treatment and control rates of farmers and county prevalence rates are not treatment in 2009

	参合农民		未参合农民		对照县农民	
	就诊率	未就诊率	就诊率	未就诊率	就诊率	未就诊率
1. 最穷	22.86	45.41	18.78	53.38	16.63	49.58
2. 较穷	21.77	41.98	16.20	50.59	14.18	44.65
3. 一般	21.02	41.93	18.49	46.14	13.36	51.53
4. 较富	20.27	41.28	18.22	45.08	19.66	40.54
5. 最富	23.48	40.88	18.71	44.81	24.46	43.83

（数据来源：据实地调查整理）

7.3.3　基于PSM方法比较参合农民与对照县农民的门诊利用

倾向得分匹配法就是为每一个参合农民在对照组里最大可能的找一个或若干个情况相似的个体与之匹配，在最大可能地排除混杂因素后，考察干预因素（参合）对效果（两周就诊、未就诊、住院等等）的作用或影响。

1. 匹配后调查地区及不同模式两周就诊率和患者未就诊率发生的变化

在首批试点县参合农民与对照县农民匹配后发现，总体上参合对农民的两周就诊率有一定促进作用，增加的比例为8.29%。从补偿模式来看，以门诊统筹模式促进作用较明显（$P = 0.002$），增加的比例为33.18%，其他三种模式均无促进作用。总体上参合对改善农民患病未就诊比例的有一定促进作用，降低未就诊率的比例为10.69%，门诊统筹和门诊家庭账户对降低农民患病未就诊的作用较明显，分别降低了7.24%和10.12%，但Z检验的结果为差异不显著。参合农民与对照县农民匹配后发现，参合农民的自我报告两周患病率明显高于对照县农民（$P = 0.000$），比对照县农民高31.81%，门诊统筹

模式和门诊家庭账户模式较明显（$P<0.05$），而只补住院模式和门诊大额模式无显著性差异（参见表7-5）。

表 7-5 2009 年样本地区参合农民与对照县农民不同补偿模式倾向得分匹配结果

Table 7-5 sample areas were counties with different compensation model farmers tend to score matching results in 2009

	合计	只补住院	门诊大额	门诊统筹	门诊账户
就诊率					
参合农民	0.212 2	0.191 5	0.210 3	0.226 9	0.199 4
对照县农民	0.195 9	0.250 7	0.221 0	0.170 4	0.202 7
差值	0.016 2	−0.059 2	−0.010 7	0.056 5	−0.003 3
改变%	8.292 7	−23.600 0	−4.831 9	33.177 7	−1.645 4
P值（Z检验）	0.318	0.045	0.572	0.002	0.882
患病未就诊率					
参合农民	0.420 0	0.393 1	0.369 3	0.420 5	0.441 4
对照县农民	0.470 3	0.409 6	0.314 4	0.453 4	0.491 1
差值	−0.050 3	−0.016 4	0.055 0	−0.032 9	−0.049 7
改变%	−10.696 6	−4.014 6	17.484 7	−7.249 9	−10.121 5
P值（Z检验）	0.065	0.500	0.084	0.086	0.059
两周患病率					
参合农民	0.207 3	0.177 0	0.178 6	0.211 2	0.223 1
对照县农民	0.157 3	0.179 0	0.164 7	0.141 1	0.168 6
差值	0.050 0	−0.002 0	0.013 9	0.070 1	0.054 5
改变%	31.811 6	−1.120 4	8.458 6	49.699 2	32.297 1
P值（Z检验）	0.000	0.876	0.164	0.000	0.000

2. 匹配后调查地区不同收入组就诊率和患病未就诊率发生的变化

参合对改善最低收入组、次低收入组和中间收入组的就诊率有明显促进作用，三组分别增加了18.91%，14.73%和42.74%，对中间收入组的提高最明显，而对次高和最高收入组作用不明显。参合对降低各收入组的患病未就诊率均具有一定的作用，各组分别下降了12.68%，11.82%，12.28%，7.19%和15.45%，但只有最低收入组和最高收入组的统计学检验有显著性

（参见表7-6）。

表7-6　2009年样本地区参合农民与对照县农民五等分收入组倾向得分匹配结果

Table 7-6　sample areas and the control county farmers quintile income group tend to score matching results in 2009

	最低收入	次低收入	中间收入	次高收入	最高收入
就诊率					
参合农民	0.215 7	0.209 1	0.199 8	0.193 8	0.221 1
对照县农民	0.181 4	0.182 2	0.140 0	0.308 5	0.204 8
差值	0.034 3	0.026 8	0.059 8	−0.114 8	0.016 2
改变%	18.915 3	14.732 7	42.736 5	−37.191 7	7.932 8
P值（Z检验）	0.162	0.313	0.013	0.013	0.681
患病未就诊率					
参合农民	0.455 3	0.417 7	0.419 2	0.398 6	0.411 6
对照县农民	0.521 4	0.473 7	0.477 9	0.429 5	0.486 9
差值	−0.066 1	−0.056 0	−0.058 7	−0.030 9	−0.075 2
改变%	−12.681 2	−11.815 6	−12.283 2	−7.189 5	−15.451 9
P值（Z检验）	0.035	0.103	0.142	0.401	0.020

3. 匹配后不同病情患者就诊率和未就诊率发生的变化

参合农民患者与对照县农民患者匹配后结果显示，从不同病情的就诊率来看，参合对"不严重""一般"和"严重"患者的促进作用不明显，而对自己病情感到"说不好"的患者的平均就诊次数增加较多，平均每个患者增加了36.11%就诊次数。从降低患病未就诊率的角度来看，参合对降低各种病情患者的未就诊率具有一定的作用，但对降低病情"一般"患者和"说不好"患者的未就诊率作用相对较大。可见，参合除了提高病情"说不好"患者就诊的总次数以外，并没有提高"不严重""一般"和"严重"患者的总次数，但却提高了"不严重""一般"和"说不好"患者的看病的总人数（因为患者的未就诊率减少了，换句话说提高了患者的就诊概率而并没有明显提高就诊的总量），对提高"严重"患者的就诊人数的作用有限（详见表7-7）。

表7-7 2009年样本地区参合农民与对照县农民两周患病不同病情倾向得分匹配结果

Table 7-7 sample areas and the control county farmers tend to score two weeks, the disease prevalence in different matches in 2009

	不严重	一般	严重	说不好
患者平均就诊次数				
参合农民	0.783 5	1.007 6	1.441 1	1.103 6
对照县农民	0.781 4	1.018 2	1.453 5	0.810 8
差值	0.002 2	−0.010 7	−0.012 4	0.292 8
改变%	0.279 1	−1.046 5	−0.855 2	36.111 1
P 值（Z检验）	0.975	0.892	0.902	0.168
患病未就诊率				
参合农民	0.513 6	0.411 3	0.361 8	0.427 9
对照县农民	0.563 2	0.471 9	0.381 5	0.558 6
差值	−0.049 6	−0.060 6	−0.019 7	−0.130 6
改变%	−8.809 3	−12.845 0	−5.168 5	−23.387 1
P 值（Z检验）	0.102	0.001	0.369	0.109

7.4 合作医疗对农民家庭卫生支出影响

农民的疾病经济负担直接地反映为不同农民家庭年用于医疗卫生费用的数额，但由于不同家庭收入水平存在差距，即使是相同的支出数额，对不同收入家庭的影响不同，因此采用农民家庭年用于医疗卫生费用支出占家庭总支出的比例反映相对的经济负担。为了反映家庭会面临因医疗卫生服务而造成严重的经济困难的情况，我们采用家庭医疗卫生费用支出大于家庭总支出40%的家庭比例（发生大额医疗卫生费用的家庭比例）。

从表7-4和表7-6可以看出，参合家庭的家庭卫生支出数额明显高于非参合家庭，同时不论是全部调查的农民还是不同收入组的农民家庭，参合人口的家庭医疗卫生费用支出的比例均明显高于未参合家庭，而且参合家庭发生大额医疗卫生费用支出的比例也明显高于未参合家庭。

分析发现，医疗卫生费用支出数量、家庭医疗卫生费用占家庭支出的比例、是否发生大额医疗卫生费用支出，均与家庭收入水平、家庭成员的年龄结构和健康状况以及家庭成员中是否拥有其他医疗保险等因素密切相关。同时，由于目前我国新型农村合作医疗是采用自愿加入的方式，因此造成参合农民与未参合农民在家庭收入水平、家庭成员年龄与健康状况以及是否家庭成员中有其他社会医疗保险等方面的分布存在差异，也就是说家庭医疗卫生支出比例较高的家庭和容易出现大额医疗卫生支出的家庭参加合作医疗的比例越高。

采用倾向得分配对（PSM）方法①，构建模型控制了家庭成员年龄结构和疾病状况、家庭收入、是否有成员拥有其他社会保障以及区域经济水平等因素以后，比较配对后的参合农民和相同状况下未参合农民家庭医疗卫生支出比例和发生大额医疗卫生费用情况。研究发现：尽管从总体来看，参加合作医疗家庭与同等条件对照家庭相比，家庭医疗卫生支出的数量有所增加（经统计学检验差异有显著性），但增加的幅度很小；参加合作医疗家庭的年医疗卫生支出数量仅比未参加家庭增加约4%；参合农民家庭医疗卫生费用支出的比例比未参合农民家庭略有降低（但经统计学检验差异不显著），并且在同等状况下发生大额医疗卫生费用的概率显示略有降低的现象，但统计学检验不显著（见下表7-8）。

表7-8　新型合作医疗参合与未参合家庭医疗卫生经济负担比较（PSM 结果）

Table 7-8 together with the new cooperative medical participation of Participating home health care without the financial burden of comparison（PSM results）

	参合状况	合计	补大病	门诊大额	门诊统筹	家庭账户
医疗卫生费用（元）	参合家庭	561	692	645	498	572
	对照家庭	539	528	528	596	473
	差异	22	164	117	-98	99
卫生费用比例（%）	参合家庭	12.64	13.78	12.51	11.69	13.59
	对照家庭	14.63	13.87	14.30	14.43	15.28
	差异	-1.99	-0.09	-1.79	-2.74	-1.69
大额卫生支出家庭比例（%）	参合家庭	6.35	8.66	6.50	5.42	6.77
	对照家庭	7.49	6.96	7.59	6.68	8.67
	差异	-1.14	1.70	-1.09	-1.25	-1.91

---

① Wendy Janssens；Measuring Externalities in Program Evaluation, Tinbergen Institute Discussion Paper, TI 2005-017/2

采用 PSM 方法比较参合家庭和同等条件的对照农民家庭卫生支出（图7-1）可见，低收入组和次低收入组参合家庭的卫生支出较对照组有明显的增加（经统计学检验差异有显著性），但在中等收入、次高收入和高收入组中，参合家庭比对照家庭的卫生支出比例略有降低（但统计学检验差异没有显著性）。

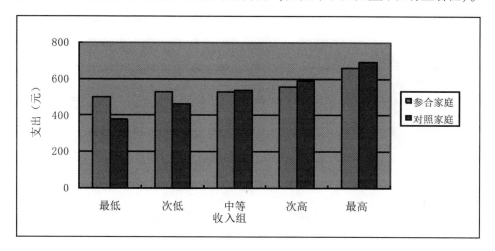

图7-1　PSM 调整后不同收入人群卫生支出情况

Figure 7-1　health expenditure for different income groups after the PSM adjusted

尽管不同收入组参合家庭医疗费用支出占总支出的比例均略有降低（图7-2），但不同收入组的降低幅度存在比较大的差异，最低收入组参合家庭与对照家庭相比基本没有明显地降低，但其他收入组降低的幅度明显大于最低收入组。

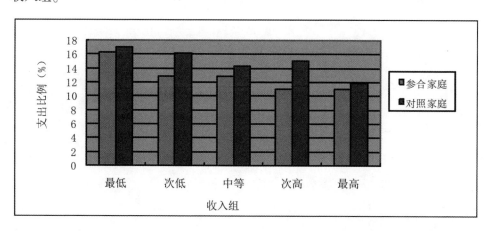

图7-2　调整后不同收入家庭医疗费用支出比例情况

Figure 7-2　proportion of health the care cost of families with different income after PSM adjusted

合作医疗对不同收入组发生大额医疗卫生费用比例的影响也有所不同（图7-3），在最低和最高收入组参合农民发生大额医疗卫生费用的比例有所增加，而其他中间各组均有不同程度的降低，显示参合家庭中低收入组家庭发生大额医疗卫生费用的比例明显高于其他各组。

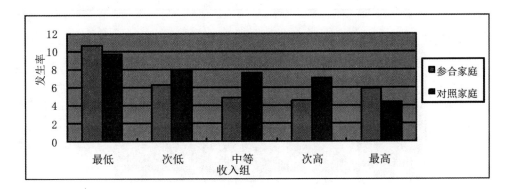

图 7-3　PSM 调整后不同收入人群大额支出发生情况

Figure 7-3　large expenditure of health care of different income group after PSM adjusted

第八章　湖南省农村人力资本对经济增长的作用评价

农村人力资本培育就是要通过教育、培训、医疗保健和劳动力流动等方式对农村居民进行人力资本投资，促进农民自身素质水平的提高，进而推动农业经济良性快速增长。因此，加大人力资本培育力度，能有力地促进社会主义新农村建设。本节将运用协整分析和 Granger 因果检验法研究农村人力资本与新农村建设之间的相关性，进而检验湖南省农村人力资本培育的绩效。

8.1　协整检验与 Granger 因果分析模型

协整理论是一种建模技术，它从分析时间序列的非平稳性入手，探求非平稳变量间蕴涵的长期均衡关系，协整分析把时间序列分析中短期动态模型和长期均衡模型的优点结合起来，为非平稳时间序列的建模提供了良好的解决方法。若序列 X_{1t}，X_{2t}，…，X_{kt} 都是 d 阶单整，存在一个向量 $\alpha = (\alpha_1,$ $\alpha_2 \cdots, \alpha_k)$，使得 $Z_t = AX'_t \sim I(d-b)$，其中 $b>0$，$X = (X_{1t}, X_{2t}, …, X_{kt})$ 是 (d, b) 阶协整（Cointegration），记为 $X_t \sim CI(d, b)$，α 为协整向量。如果两个变量都是单整变量，只有当它们的单整阶数相同时才可能协整；两个以上变量如果具有不同的单整阶数，有可能经过线性组合构成低阶单整变量。协整的意义在于它揭示了变量之间是否存在一种长期稳定的均衡关系。

Engle-Granger（1987）两步法通常用于检验两变量之间的协整关系，而对于多变量之间的协整关系的检验则不方便。Johansen（1988）和 Juselius（1990）提出了一种用向量自回归的检验方法，通常称为 Johansen 检验，它可用于检验多个变量，同时求出它们之间的若干种协整关系。协整检验结果告诉我们变量之间是否超越长期的均衡关系，但是这种关系是否构成因果关系还需要进一步验证。Granger（1969）提出的因果关系检验可以解决此类问题。

Granger 因果检验是由美国加州著名的计量经济学家 C. W. Granger 于 1969 年提出的，后由 Hendry 和 Richard 进一步发展。在时间序列情况下，两个经济变量 X、Y 之间存在因果关系。可以定义为：若在包含了变量 X、Y 的过去信息的条件下，对 Y 的预测效果要好于只单独由 Y 的过去信息对 Y 进行的预测，即变量 X 有助于解释变量 Y 的将来变化，则认变量 X 引致变量 Y，两者之间存在因果关系。考虑两个时间序列 $\underline{X}$ 和 Y，样本 $t = 1, 2, \cdots, T$ 期间，要检验 X 是否是 Y 的原因，可以构造以下两个模型：

$$Y_t = \alpha_0 + \sum_{i=1}^{m} \alpha_i Y_t - i + \sum_{j=1}^{k} \beta_j X_t - j + \mu_t$$

$$Y_t = \alpha_0 + \sum_{i=1}^{m} \alpha_i Y_t - i + \mu_t$$

如果 $\beta_j = 0$ 对 $j = 1, 2, \cdots, k$ 是都成立，则 X 变量不会引起 Y 变量的发生，二者不构成因果关系，滞后期的选择可以是任意的。这样我们可以设定假设 Ho：岛 = 0，j = 1，2，…，是，再分别对式（4.2）、式（4.3）进行回归，得到解释平方和 EES₁ 和 EES₂；以及残差平方和 RSS₁，构造如下统计量：

$$F = \frac{(EES_1 - EES_2)/m}{RSS_1 / [T - (k + m + 1)]}$$

F 服从第一自由度为 m，第二自由度为 $T - (k + m + 1)$ 的分布，其中 T 为样本数量，m，k 是分别为 Y 和 X 的滞后阶数，可以根据 AIC 信息准则来决定。给定显著性水平，则有对应的临界值芦。如果 $F > F_\alpha$，则以（$1 - \alpha$）的置信度拒 H_0 假设，在 Granger 意义上 X 是 Y 的原因；否则接受 H_0 假设，Y 的变化不能归因于 X 变化。

8.2　数据来源及处理

数据取自各期的《湖南统计年鉴》和《中国农村统计年鉴》，样本区间为 2006—2016 年[79-80]。采用人均农业 GDP 指标来测量经济增长，记为 PGDP。城乡收入差距以城镇人均可支配收入与农村人均纯收入的差值作为衡量指标，记为 RD。农村人力资本积累水平采用受教育年限法，计算公式为：

$$H_t = h_t \times L_t$$

上式中，h_t 表示第 t 年的人均受教育年限，反映了农村人力资本积累水平，L_t 表示第 t 年的乡村从业人员数。在模型运行前，用城镇居民消费价格指数（1978＝100）对 PGDP 和 RD 数据进行平减，然后对三个变量进行自然对数变换。所有计量在 Stata. 9 基础上完成。

8.3　实证研究

从表4-1可以看出各变量之间的相关系数都较大。尽管这些变量之间具有较大的相关系数，但并不表示它们之间具有一定的因果关系。下面运用 ADF 单位根检验来确定 LHCA、LRD 和 LPGDP 的平稳性。

表8-1　LHCA、LPGDP 和 LRD 的相关系数矩阵

Table 8-1　correlation matrix of LHCA，LPGDP and LRD

	LHCA	LPGDP	LRD
LHCA	1	0.898	0.922
LPGDP	0.898	1	0.993
LRD	0.922	0.993	1

合理的原假设是，三个序列的数据生成过程是带漂移的单位根过程，而备择假设为三序列分别为趋势平稳过程。根据 AIC 和 SC 信息准则并考虑到样本数量有限，选取最大滞后阶数为5。ADF 检验结果见表8-2。根据上述检验结果，变量的一阶差分均拒绝了有单位根的假设，LHCA、LPGDP 和 LRD 的一阶差分序列是平稳的，即为 I（1）过程。

表8-2　ADF 检验结果

Table 8-2　ADF test results

变量	检验形式 （c, t, k）	ADF 统计量	临界值	AIC	SC	结论
LHCA	（c, 0, 4）	−3.028	−3.857[*]	−3.74	−3.443	不平稳
ΔLHCA	（c, 0, 0）	−3.094	−3.011[**]	−3.627	−3.527	平稳
LPGDP	（c, 0, 4）	−0.942	−3.75[*]	−3.228	−2.932	不平稳
ΔLPGDP	（c, 0, 3）	−3.251	−3.04[**]	−3.677	−3.43	平稳
LRD	（c, 0, 5）	1.605	−3.767[*]	−2.434	−2.086	不平稳
ΔLRD	（c, 0, 2）	−3.897	−3.83[*]	−2.927	−2.728	平稳

注：①ΔLHCA、ΔALPGDP 和 ΔALRD 分别表示 LHCA、LPGDP 和 LRD 的一阶差分；②（c，t，k）中 c 表示漂移项，t 表示趋势项，k 表示滞后阶数；③ * 、 * * 分别表示检验值小于 1% 和 5% 的置信水平下的临界值。

协整检验结果表明农村人力资本积累、城乡收入差距与人均 GDP 之间存在长期稳定的均衡关系，但是这种均衡关系是否构成因果关系，还需要进一步验证。下面对三变量进行长期和短期的 Granger 因果关系检验。在进行 Granger 检验中，滞后期分别取 2~7，检验结果如表 8-3 所示。可以看出，在 10% 显著性水平上，除滞后阶数为 6 的期间以外，其他各期 LPGDP 均是 LHCA 的 Granger 原因，而在滞后阶数为 4、5、6 的各期上，LHCA 是 LPGDP 的 Granger 原因；在全部选定的滞后阶数上，LHCA 均不是 LRD 的 Granger 原因，仅在滞后阶数为 5、6 时，LRD 是 LHCA 的 Granger 原因；滞后阶数是 3、4 时，LPGDP 是 D 的 Granger 原因，滞后阶数为 3~6 时，LRD 是 LPGDP 的 Granger 原因。

Granger 因果关系检验结果仅能说明变量之间的因果关系，但不能说明变量之间因果关系的强度。现应用方差分解法对变量 LHCA、LPGDP、LRD 的不同预测期限的预测误差的方差进行分解（表 8-4、表 8-5、表 8-6）。方差分解的主要思想是把系统中每个内生变量的波动按其成果分解为与各方程信息相关联的若干组成部分，从而了解各信息对模型内生变量的相对重要性。方差分解不仅是样本期间以外的因果关系检验，而且将每个变量的单位增量分解为一定比例自身原因和其他变量的贡献。

表8-3 因果关系检验结果

Table 8-3 causality test results

原假设	滞后阶数	Obs.	F值	P值	结论
LPGDP≠>LHCA	2	21	2.683	0.099	LPGDP≠>LHCA
LHCA≠>LPGDP			1.092	0.359	LHCA≠>LPGDP
LRD≠>LHCA			0.292	0.750	LRD≠>LHCA
LHCA≠>LRD			2.530	0.111	LHCA≠>LRD
LRD≠>LPGDP			2.440	0.119	LRD≠>LPGDP
LPGDP≠>LRD			1.683	0.217	LPGDP≠>LRD
LPGDP≠>LHCA	3	20	4.535	0.022	LPGDP⇒LHCA
LHCA≠>LPGDP			1.979	0.167	LHCA≠>LPGDP
LRD≠>LHCA			1.323	0.309	LRD≠>LHCA
LHCA≠>LRD			1.288	0.320	LHCA≠>LRD
LRD≠>LPGDP			2.749	0.085	LRD⇒LPGDP
LPGDP≠>LRD			4.512	0.022	LPGDP⇒LRD
LPGDP≠>LHCA	4	19	4.174	0.030	LPGDP⇒LHCA
LHCA≠>LPGDP			3.402	0.053	LHCA⇒LPGDP
LRD≠>LHCA			0.808	0.548	LRD≠>LHCA
LHCA≠>LRD			1.652	0.237	LHCA≠>LRD
LRD≠>LPGDP			10.515	0.001	LRD⇒LPGDP
LPGDP≠>LRD			4.266	0.029	LPGDP⇒LRD
LPGDP≠>LHCA	5	18	6.069	0.017	LPGDP⇒LHCA
LHCA≠>LPGDP			3.577	0.063	LHCA⇒LPGDP
LRD≠>LHCA			3.984	0.050	LRD⇒LHCA
LHCA≠>LRD			1.036	0.465	LHCA≠>LRD
LRD≠>LPGDP			11.197	0.003	LRD⇒LPGDP
LPGDP≠>LRD			1.890	0.214	LPGDP≠>LRD
LPGDP≠>LHCA	6	17	2.392	0.209	LPGDP≠>LHCA
LHCA≠>LPGDP			4.722	0.077	LHCA≠>LPGDP
LRD≠>LHCA			14.894	0.010	LRD⇒LHCA
LHCA≠>LRD			1.241	0.436	LHCA≠>LRD
LRD≠>LPGDP			27.985	0.003	LRD⇒LPGDP
LPGDP≠>LRD			2.144	0.240	LPGDP≠>LRD
LPGDP≠>LHCA	7	16	62.069	0.097	LPGDP⇒LHCA
LHCA≠>LPGDP			4.628	0.344	LHCA≠>LPGDP
LRD≠>LHCA			5.604	0.315	LRD≠>LHCA
LHCA≠>LRD			2.034	0.494	LHCA≠>LRD
LRD≠>LPGDP			9.098	0.250	LRD≠>LPGDP
LPGDP≠>LRD			9.734	0.242	LPGDP≠>LRD

表 8-4 表明，人均 GDP 对农村人力资本积累的影响显著大于城乡收入差距，从第 1 期起，人均 GDP 对农村人力资本积累的影响显著，达到 36.98%，到第 4 期已增至人力资本积累预测误差的 49.95% 以上，此后稳定在 47%~49% 之间，而城乡收入差距从第 2 期的 1.874 开始，始终徘徊在 7.0 以内。

表 8-4 变量 LHCA 的方差分解结果

Table 8-4 variance decomposition results of variable LHCA

Period	S. E.	LHCA	LPGDP	LRD
1	0.025	63.025	36.975	0.000
2	0.030	55.023	43.103	1.874
3	0.032	50.288	47.534	2.178
4	0.033	47.356	49.948	2.696
5	0.034	47.707	48.703	3.590
6	0.034	46.959	48.277	4.764
7	0.035	46.208	48.024	5.767
8	0.035	45.705	47.900	6.395
9	0.035	45.488	47.779	6.733
10	0.036	45.477	47.608	6.915

在表 8-5 中，人均 GDP 的预测误差 89.01% 来自于自身，有 5.35% 来自于农村人力资本积累的发展，与 5.64% 的城乡收入差距对其的影响不相上下。这反映了农村人力资本积累对经济增长的影响力相比较低。

表 8-5 变量 LPGDP 的方差分解结果

Table 8-5 variance decomposition results of variable LPGDP

Period	S. E.	LPGDP	LHCA	LRD
1	0.025	100.000	0.000	0.000
2	0.051	2.229	0.665	7.106
3	0.075	89.308	2.107	8.585
4	0.094	88.804	3.330	7.866
5	0.108	88.886	4.079	7.035
6	0.119	89.017	4.479	6.504

续表

Period	S. E.	LPGDP	LHCA	LRD
7	0. 130	89. 049	4. 707	6. 245
8	0. 140	88. 971	4. 876	6. 153
9	0. 149	88. 837	5. 036	6. 127
10	0. 155	89. 013	5. 351	5. 635

在表 8-6 中，第 1 期城乡收入差距的预测误差中有 94.03% 来自经济增长的影响，而仅有 1.21% 来自人力资本积累，随着时序增加，经济增长对城乡收入差距的影响有所下降，到第 10 期降至 19.57%，而农村人力资本积累的影响始终在 7% 以内。

表 8-6　变量 LRD 的方差分解结果

Table 8-6　variance decomposition results of variable LRD

Period	S. E.	LRD	LHCA	LPGDP
1	0. 047	4. 763	1. 211	94. 025
2	0. 076	37. 012	2. 302	60. 686
3	0. 098	52. 540	4. 652	42. 808
4	0. 111	59. 630	5. 952	34. 417
5	0. 120	63. 660	6. 451	29. 889
6	0. 128	66. 551	6. 593	26. 856
7	0. 137	68. 859	6. 634	24. 507
8	0. 145	70. 751	6. 687	22. 562
9	0. 153	72. 305	6. 765	20. 930
10	0. 161	73. 585	6. 846	19. 570

8.4　实证结论

通过协整分析发现，农村人力资本积累、经济增长和城乡收入差距三个变量之间存在协整关系，即存在长期均衡关系。研究结果还表明，农村人力资本积累与经济增长、城乡收入差距之间存在 Granger 因果关系。首先，在农村人力资本积累与经济增长的 Granger 因果检验中，我们接受了无论长期还是短期经济增长都是推动农村人力资本积累加快发展的原因这一假设，接受了在长期农村人力资本积累是经济增长的动因这一假设，拒绝了在短期内农村人力资本积累推动经济发展这一假设。其次，农村人力资本积累与城乡收入差距的 Granger 因果检验结果表明，无论在短期还是在长期，农村人力资本积累都不会成为城乡收入差距拉大的动因，而城乡收入差距对农村人力资本积累的推进作用仅表现在远期。最后，经济增长与城乡收入差距之间的 Granger 因果关系检验表明，中国城乡收入差距与经济增长之间存在动态因果关系，无论在长期还是在短期，经济增长都是城乡收入差距变化的 Granger 原因。观察方差分解结果得知，经济增长对城乡收入差距的牵动作用十分显著。

第九章　研究结论与政策建议

9.1　主要结论

（1）农村人力资本是指农村居民所拥有的体力、健康、经验、知识和技能及其他精神存量的总称。从权属主体来看，农村人力资本既包括了劳动年龄内农村劳动力的人力资本，还包括了劳动年龄以外或因伤残而不具有劳动能力的农民的人力资本。从资本内容来看，包括自然人力资本和技能性人力资本。与城市人力资本相比，农村人力资本积累相对较低、投资渠道单一、收益相对较低、外溢现象更为严重。农村人力资本的投资主体包括农民个人、农民家庭、政府、社会这四方面。农村人力资本投资应该有五种途径，分别为教育投资、培训投资、健康投资、迁移投资、学习投资。由于人力资本具有递增效应、外溢效应、协同效应、分工效应，因此，人力资本能促进新农村建设。

（2）农户子女数量与失学率呈正相关，而且失学主要发生在初中阶段。另外，农户在子女接受义务教育问题上，存在着严重的性别偏好，女性失学率明显高于男性失学率。农户子女失学的原因主要有三方面：一是子女没有认识到接受教育的重要性，认识比较肤浅；二是农户家庭经济能力差，交不起学费，或者是家务劳动需要帮手；三是父母的观念落后，认为上几年学就够用了，进而不再继续送子女求学。对农户家庭经济状况与失学原因进行聚类分析发现，农户家庭纯收入与因"交不起上学费用"而失学的农户比例成反比，但各类农户中都有因此原因而导致子女失学的；"子女不想上学"是各类农户子女失学的首位原因，而在高收入组农户中比例更高；父母文化程度和家庭经营类型对子女失学原因并未构成实质的影响。

（3）农村技术培训工作的覆盖面并不是很广，主要是通过广播、电视等媒体的科普方式开展的，政府很少在农村举办技术培训班。当前，农户对农业科学技术的掌握程度并不是很高，农产品经营素质也不高。但是，农户的培训需求很高，主要是土壤配方、动物养殖、动物疫情防治、农作物虫害防治等方面技术，还包括非农技术和法律知识等方面。实证研究表明，农户是否参加培训与农户年龄、当年农户家庭纯收入、农户耕地面积这三个因素呈负相关关系，与农户受教育程度、对培训实用性评价、获取培训信息渠道数这三个因素呈正相关关系。

（4）农户外出务工决策的影响因素包括农户受教育程度、家庭劳动力人数、平均工资比较、家庭就读子女数、家庭人均收入。前三个因素与外出务工决策呈正相关关系，后两个因素与之呈负相关关系。表明，农户是否外出就业既取决于外地务工收入与本地务农收入之间的比较，也取决于对家庭子女教育的关注度以及在外地就业的归属感等方面因素。

（5）参合对农民两周就诊率、对改善不同收入组（最低收入组、次低收入组和中间收入组）的就诊率、对降低最低收入组和最高收入组的患病未就诊率均有明显的促进作用。参合家庭的家庭卫生支出数额明显高于非参合家庭，同时不论是全部调查的农民还是不同收入组的农民家庭，参合人口的家庭医疗卫生费用支出的比例均明显高于未参合家庭，而且参合家庭发生大额医疗卫生费用支出的比例也明显高于未参合家庭。医疗卫生费用支出数量、家庭医疗卫生费用占家庭支出的比例、是否发生大额医疗卫生费用支出，均与家庭收入水平、家庭成员的年龄结构和健康状况以及家庭成员中是否拥有其他医疗保险等因素密切相关。

（6）农村人力资本积累、经济增长和城乡收入差距三个变量之间存在协整关系，即存在长期均衡关系。研究结果还表明，农村人力资本积累与经济增长、城乡收入差距之间存在 Granger 因果关系。首先，在农村人力资本积累与经济增长的 Granger 因果检验中，接受了无论长期还是短期经济增长都是推动农村人力资本积累加快发展的原因这一假设，接受了在长期农村人力资本积累是经济增长的动因这一假设，拒绝了在短期内农村人力资本积累推动经济发展这一假设。其次，农村人力资本积累与城乡收入差距的 Granger 因果检验结果表明，无论在短期还是在长期，农村人力资本积累都不会成为城乡收入差距拉大的动因，而城乡收入差距对农村人力资本积累的推进作用仅表现在远期。最后，经济增长与城乡收入差距之间的 Granger 因果关系检验表明，中国城乡收入差距与经济增长之间存在动态因果关系，无论在长期还是在短期，经济增长都是城乡收入差距变化的 Granger 原因。

9.2　对策建议

（1）要促使农户加大正规教育投资，一是继续实施国家计划生育政策，严格控制农村多胎生育率；二是通过宣传教育改变农村居民重男轻女的传统观念，提高女性子女受教育水平；三是继续实施农村义务教育的优惠政策，降低接受教育的成本，让农民"交得起学费"；四是加大对"教育为本"的宣传教育，让农民深切认识到受教育对儿女成才的重要性，严防"读书无用论"在农村的传播，让农民"想多送几年学"，让子女"非常想上学"；五是采取有效措施，降低初中阶段失学率。当然，促进农民增收能提高农户经济能力，进而能避免其教育投资行为的预算约束。

（2）要加强农村技术培训工作，不仅仅是农业技术的培训，还包括乡风礼仪、法律知识、农产品营销等方面的知识，进而提高农村人力资本存量水平。一是要科学组织农村培训工作，在培训开展之前，要就培训时间、培训地点、培训技术实用性等方面内容在农村进行沟通协调，进而加强农民对培训的了解，使其对培训有一个积极的认识。二是要提高农村信息化水平，这既能提高农民获取信息的渠道数，还能为农户接受网络远程教育提供可能。三是大力加强农村正规教育，提高农民受教育水平和科学素养。

（3）要激励农户迁移就业，提高人力资本积累水平，首先，要加强对农民的就业培训，提高其知识技能水平；其次，通过对农民工户籍制度、购房制度、医疗保险、子女教育等方面制度创新，改善农民工在城市的民生问题，降低其在外地的生活成本，既能增加归属感和幸福感，又能扩大城乡收入差距，进而吸引更多的农村优质劳动力进城就业；最后，政府要加大对农村留守儿童教育的投入，给予更大的关心，进而减少农民外出务工的后顾之忧。

（4）在新农合实现全覆盖的基础上，增加参加新农合的农民人数，提高参合率。加快农村基础卫生设施建设，完善公共卫生服务、医疗服务、医疗保障和药品供应四大体系，为农民提供安全、有效、方便、价廉的医疗卫生服务。建议政府进一步加大医疗救助力度，增加医疗救助资金投入。利用救助资金为他们代缴"参合"费用，为他们负担一部分非医保范围内的医疗费用。在新农合制度中要适当降低贫困农户的医疗费用的个人负担比例，使其在花钱不多的情况下真正得到最基本的卫生医疗服务。由于政府缴纳比重已经大幅度提高，建议让农村贫困人口免交或者少交个人负担的费用。从而，建立起新农合和医疗救助两个制度"联合行动"，先用医疗救助资金帮农村贫困人口垫付医疗费，然后在合作医疗基金中报销一部分，看完病后再帮他们全部或部分支付费用的自付部分。

注 释

[1] ［美］西奥多·W. 舒尔茨. 梁小民译. 改造传统农业. 北京：商务印书馆，1987.

[2] 国务院第二次全国农业普查领导小组办公室、国家统计局. 第二次全国农业普查主要数据公报（第二号），2008 年 2 月 22 日.

[3] 蔡昉. 中国人口与劳动问题报告（人口与劳动绿皮书·2009）. 北京：社会科学文献出版社，2009 年 8 月.

[4] 亚当·斯密. 论国民财富的性质及其原因的研究. 北京：商务印书馆，1981.

[5] ［英］马歇尔. 廉运杰译. 经济学原理. 北京：华夏出版社，2005.

[6] ［德］李斯特. 邱伟立译. 政治经济学的国民体系. 北京：华夏出版社，2009.

[7] Irving Fisher. The Nature of Capital and Income, Cosimo, Inc. , 2006.

[8] ［美］西奥多·W·舒尔茨. 吴珠华译. 论人力资本投资. 北京：北京经济学院出版社，1990.

[9] Arrow, K. J.. Economic welfare and the allocation of resources for invention. In The Rate and Direction of Inventive Activity. Princeton：National Bureau of Economic Research，1962.

[10] Becker, G.S.. Investment in human capital：a theoretical analysis. Journal of Political Economy, 70 (supplement), 1962, 9−49.

[11] Mincer, J.. Schooling, Experience, and Earnings, New York：National Bureau of Economic Research，1974.

[12] Paul M. Romer. Increasing Returns and Long Run Growth. Journal of Political Economy, October 1986, pp1002−1037.

[13] Lucas, R. E.. On the Mechanics of Economic Development, Journal of

Monetary Economics, Issue22, 1988, pp3-42.

[14] Edward Fulton Denison. The sources of economic growth in the United States and the alternatives before us. Committee for Economic Development, New York, 1962.

[15] Philip H, Brown and Albert Park. Education and Poverty in Rural China. Economics of Education Review, Volume 21, Issue 6, December, 2002, 523-541.

[16] Knight, John and Song, Lina. The Rural Urban Divide: Economy Disparities and Interactions in China. Oxford: Oxford University Press, 1999.

[17] 郑会军. 农村人力资本投资与农业增长动态关系研究：以湖北省为例. 科技进步与对策, 2007 年第 1 期, 64-67.

[18] 丁冬. 人力资本对中国农村经济发展贡献的实证分析. 农业考古, 2010 (3).

[19] 龙翠红. 人力资本对中国农村经济增长作用的实证分析. 农业技术经济, 2008 年第 1 期, 50-56.

[20] Hayamiy and Ruttan. V. W. 1971, Agricultural Development: An International Perspective. Johns Hopkins University Press, Balti-more.

[21] Behrman, J. R. 1990, The Action of Human Resources and Poverty on One Another. The World Bank, Washington, D. C.

[22] 张茜. 农村人力资本与农民收入的动态关系. 山西财经大学学报, 2007 年第 3 期, 27-31.

[23] 张向达, 李宏. 收入水平对农村家庭人力资本投资的影响分析：基于省际面板数据的实证分析. 财政研究, 2010 (6)：38-41.

[24] [美] 加里·S·贝克尔. 人力资本. 北京：北京大学出版社, 1987.

[25] [美] 舒尔茨著. 梁小民译. 改造传统农业. 北京：商务印书馆, 2010.

[26] 薛国琴. 经济发达地区农村人力资本培训结构调整分析. 农业经济问题, 2010 (9).

[27] 刘唐宇. 农村人力资本投资途径重要性排序及其启示. 西北农林科技大学学报（社会科学版）, 2008 (2)：15-20.

[28] 朱贵云, 郑贵廷, 武治国. 我国农村人力资本投资与非农就业关系的实证研究 1978-2007 年的经验证据. 华南农业大学学报（社会科学版）, 2009 (3)：1-9.

[29] 田东芳，范建刚．人力资本对农村女性劳动力永久性转移的影响：基于山东省嘉祥县调查数据．农业技术经济，2010（9）．

[30] 刘中文，李录堂．浙江省农村人为资本投资效率实证分析．农业经济问题，2010（3）：61-64.

[31] 周亚虹，许玲丽，夏正青．从农村职业教育看人力资本对农村家庭的贡献：基于苏北农村家庭微观数据的实证分析．经济研究，2010（8）．

[32] 汪虹，尹春明，王丽玲，刘玉珍，孟文静．农村人力资本现状及成因分析．中国农学通报2010，26（3）：337-341.

[33] 王春明．促进农村人力资本形成的路径研究．经济纵横，2009（10）：39-41.

[34] 曹晓峰，徐海燕．新农村建设中农村人力资源资本化的效应与路径选择：基于舒尔茨人力资本理论的分析．农业现代化研究，2010（5）．

[35] 薛国琴．农业发展方式与农村人力资本投资的互动效应：对现阶段加强农村人力资本投资的理论分析．绍兴文理学院学报，2010（4）．

[36] 高强，单哲，李宪宝．农村人力资本存量提升与结构均化关系的实证研究．农业技术经济，2010（7）：47-53.

[37] 周云波，武鹏，余泳泽．中国区域农村人力资本的估算及其时空特征．中国人口．资源与环境，2010（9）．

[38] 张智敏，唐昌海．从农村高素质群体到城市中的边缘者：技能性人力资本生成的影响因素分析．中国农村经济，2009（2）：55-66.

[39] 徐辉，李录堂．农村专业技术协会人力资本团队形成影响因素分析：基于湖北省5市（县）176户农户的调查数据．北京理工大学学报（社会科学版），2009年第2期．

[40] Glomm, G., B. Ravikumar. Public versus Private Investment in Human Capita：Endogenous Growth and Income Inequality, Journal of Political Economy, 1992, 100（4）：34-818.

[41] Galor, O., K. Tsiddon. The Distribution of Human Capital and Economic Growth, Journal of Economic Growth, 1997, 2（1）：14-93.

[42] 朱长存，马敬芝．农村人力资本的广义外溢性与城乡收入差距．中国农村观察，2009（4）：37-46，96.

[43] 李亚慧．农村人力资本乡城转移的补偿机制研究——以内蒙古农村劳动力转移就业为背景．开发研究，2010（2）．

［44］中共中央马克思恩格斯列宁斯大林著作编译局．马克思恩格斯全集（第42卷）北京：人民出版社，1979．

［45］保罗·萨缪尔森（Paul A Samuelson），威廉·诺德豪斯（William D. Nordhaus），萧琛等译．微观经济学．北京：华夏出版社，1999．

［46］新帕格雷夫经济大辞典，北京：经济科学出版社，1992．

［47］西奥多·W·舒尔茨．人力资本投资：教育和研究的作用．北京：商务印书馆，1990．

［48-50，53-55］湖南省统计局．湖南公共服务供给水平现状分析．2010年决策咨询报告第43期．2010年8月18日．

［51］湖南省教育厅．湖南省教育统计年鉴2009年．2010年12月．

［52，56-57］湖南省人力资源和社会保障厅．2010年湖南人力资源和社会保障事业发展统计公报，2011年6月．

［58］湖南省统计局．湖南农村劳动力转移就业现状分析．湖南省政府门户网站www. hunan. gov. cn，2010年5月25日．

［59］Schultz T. W. Transforming Traditional Agriculture. New Haven：Yale University Press，1964，56-71，同［25］．

［60］Kim，Young Pyoung. New Dynamics for Rural Development：The Experience of Saemaul Undong. Seoul Korea：Kyobo Publishing Inc，1985，173-189．

［61］肖艳华，刘世军，刘志全．当前农民对农业技术培训的新要求．安徽农学通报，2010（16）：11-12．

［62］李永生．农民职业技能培训的现实需求与实现途径．农业考古，2009（3）：312-313．

［63］郭君平，任钰，何忠伟．都市型现代农民培训的需求与对策：基于北京市的调查．湖南农业大学学报（社会科学版）2010（6）：42-45，77．

［64］刘芳，王琛，何忠伟．北京新型农民科技培训的需求及影响因素的实证研究．农业技术经济，2010（6）：61-66．

［65］姜明伦．农民生产技能需求及培训体系建设：511个农户样本．重庆社会科学，2009（12）：51-55．

［66］柳菲，杨锦绣，杨启智．四川省农民培训意愿及影响因素分析．四川农业大学学报，2010（1）：105-109．

［67］刘纯阳，田千禧．非营利组织的新型农民培养行为及其绩效研究：以A基金会农民培训项目为例．湖湘论坛，2010（4）：104-108．

［68］ 高翠玲．新形势下农民培训评估指标体系的架构．安徽农业科学，2010（28）：16046-16048.

［69］ 牛刚，孙维．返乡农民工培训模式创新研究．西北农林科技大学学报（社科版），2010（4）：86-94.

［70］ 魏江，徐蕾，朱西湖，石俊娜．少数民族地区农民创业培训体系构建：基于甘南、甘孜的调查研究．中国软科学，2009（7）：104-108.

［71］ 许源源，陈静．治理理论视野下的返乡农民工培训．中南大学学报（社科版），2010（2）：37-40.

［72］ 蒋洋，鲁若愚，周冬梅．绵竹市灾区农民生计培训需求及模式研究．中国集体经济，2010（10）：164-165.

［73］ 任国强，薛守刚．培训对农户就业选择和收入增长的影响研究．中国农机化，2009（6）：120-124.

［74］ Rosen Sherwin. The theory of equalizing difference, Working Paper, 1985.

［75］ Zhao Y H. Labor Migration and Earnings Differences：The Case of Rural China. Economic Development and Cultural Change, 1999（47）.

［76］ 吕开宇．外出务工家庭子女教育决策机制及其政策内涵：以甘肃农村为例．中国农业科学院农业经济与发展研究所博士后出站报告，2006.

［77］ 蔡昉，王德文．作为市场化的人口流动：第五次全国人口普查数据分析．中国人口科学，2003（5）.

［78］ Aldrich, John and Forrest D. Nelson（1984）. Linear Probability, Logit, and Probit Models. Newbury Park, CA：Sage Pbulications, 93-101.

［79］ 湖南省统计局．1999—2009 各年湖南省统计年鉴．北京：中国统计出版社．

［80］ 国家统计局农村社会经济调查司．1999—2009 各年中国农村统计年鉴．北京：中国统计出版社．

参考文献

[1] 陈玉字，邢春冰．农村工业化以及人力资本在农村劳动力市场中的角色．经济研究，2004（8）：105-116.

[2] 成祖松．我国农村人力资本投资的理性思考．内蒙古农业大学学报（社会科学版），2010（1）：29-33.

[3] 奠志宏．人力资本经济学分析．北京：经济管理出版社，2004：41-49.

[4] 樊明．健康经济学：健康对劳动力市场表现的影响．北京：社会科学文献出版社，2002：51-71.

[5] 范志权．人力资本积累，非农就业与收入结构变动研究．四川大学博士学位论文，2004年7月.

[6] 冯子标．人力资本运营论．北京：经济科学出版社，2000.

[7] 高如峰，刘微．从国际比较看完善我国义务教育投资体制．中国教育报，2001.06.08.

[8] 高文书．进城农民工就业状况及收入影响因素分析：以北京、石家庄、沈阳、无锡和东莞为例．中国农村经济，2006（1）：28-34.

[9] 高玉喜．中国贫困地区人力资本投资与经济增长．管理世界，1996（5）：189-197.

[10] 顾佳怡．健康人力资本与农村反贫困研究．南京理工大学硕士学位论文，2005年7月.

[11] 郭建如．基础教育财政体制变革与农村义务教育发展研究：制度分析的视角．社会科学战线，2003（5）：157-163.

[12] 侯风云，张凤兵．农村人力资本投资及外溢与城乡差距实证研究．财经研究，2007（8）：118-131.

[13] 黄乾．中国农户人力资本投资及区域差距变化的实证分析．中国人口科学，2005（6）.

［14］瞿艳平，徐勋美，刘颖，张雅丽．西部农村人力资本结构对劳动力转移的影响．农业现代化研究，2007（2）：203-205.

［15］李谷成，冯中朝，范丽霞．教育、健康与农民收入增长：来自转型期湖北省农村的证据．中国农村经济，2006（1）：66-74.

［16］李建建．中国农村人力资本投资行为及机制研究．湖南大学硕士学位论文，2007年10月．

［17］李通屏，王金营．中国农村居民人力资本投资对消费行为的影响．经济评论，2007（1）：44-50.

［18］李宪印，陈万明．我国农户人办资本投资的比较研究：基于东、中、西部农村面板数据的实证研究．农业经济问题，2008（5）：74-77，112.

［19］李永宁．抢我国农村人才资本生产制度的缺陷与创新．经济纵横，2008（1）：94-96.

［20］廖小官，谢元态．涉农制度变迁的人力资本产权视角．农村经济，2007（4）．

［21］林闽钢．中国农村合作医疗制度的公共政策分析．农业经济问题，2006（5）：22-28.

［22］林善浪，张丽华．社会资本、人力资本与农民工就业搜寻时间的关系：基于福建省农村地区的问卷调查．农村经济，2010（6）：101-104.

［23］刘生龙．健康对农村居民劳动力参与的影响．中国农村经济，2008，（8）：25-33.

［24］刘唐宇，许文兴．近年来我国农村人力资本问题研究述评．华中农业大学学报（社会科学版），2009（4）：29-34.

［25］刘祚祥，胡跃红，周丽．农村劳动力流动、人力资本积累与中国经济增长的源泉．经济问题探索，2008（12）：82-88.

［26］莫志宏．人力资本的经济学分析．中国社会科学院博士学位论文，2002年7月．

［27］彭继红．发展职业教育是农村人力资源开发的根本途径．理论探讨，2005（3）：39-41.

［28］钱雪亚，张小蒂．中国农村人力资本积累及其收益特征．中国农村经济，2002（3）．

［29］唐代盛．人力资本风险投资的理论框架及决策条件研究．西南财经大学博士学位论文，2005年6月．

［30］王两玉，崔传义等．中国二元结构下的农村劳动力流动及其政策选择．管理世界，2000（5）：61-69.

［31］王小鲁，樊纲．中国地区差距的变动趋势和影响因素．经济研究，2004（1）：33-34.

［32］王晓婷，陆迁，李耀华．农村人力资本投资地区差异的结构分解．经济经纬，2009（6）：64-67.

［33］武向荣．中国农民工人力资本收益率研究．青年研究，2009年第4期.

［34］夏军．我国农村人力资本问题研究．华中科技大学硕士学位论文，2006年10月.

［35］肖富群．人力资本要素对农户收入影响的次序性：基于广西农村的调查数据．软科学，2010（6）：101-105.

［36］熊会兵，肖文韬，毛德智．中国农村人力资本评价体系研究．农业经济问题，2008（7）：71-75.

［37］闫淑敏，段兴民．中国西部人力资本存量的比较分析．中国软科学，2001（6）：100-103.

［38］杨定全．土地流转视角的农村人力资本流动及其对策建议．重庆社会科学，2009（3）：54-57.

［39］杨卫军．农村人力资本投资：政府失灵的原因及矫正．中国人口资源与环境，2007（5）：38-42.

［40］杨新铭，罗润东．技术进步条件下农村人力资本与收入差距的互动机制．数量经济技术经济研究，2008（1）：74-84.

［41］杨新铭，周云波，黎涓．农村人力资本形成模式：以天津为例基于2003年天津农村家户调查数据的实证分析．南开经济研究，2008（6）：111-121.

［42］俞玲．我国农村劳动力流动的人力资本约束研究．浙江大学硕士学位论文，2002年7月.

［43］张车伟．营养、健康与效率．经济研究，2003（1）：3-12.

［44］张建民，杨子敬．我国农村人力资本投资问题：一个研究综述．经济问题探索，2008（10）：37-40.

［45］张培刚．发展经济学教程．北京：经济科学出版社，2001：351.

［46］张文俊，窦学诚．农村家庭人力资本投资动态分析：以河南农村为例．农村经济，2010（1）：101-104.

［47］张艳华．农村人力资本投资、积累、收益机制研究．中国农业大学博士

学位论文，2007 年 6 月.

[48] 赵建梅. 新农村建设视域中的农村人力资源开发探析：基于舒尔茨人力资本理论的视角. 华东经济管理，2010（4）：101-103.

[49] 赵耀辉. 中国农村劳动力流动及教育在其中的作用：以四川省为基础的研究. 经济研究，1997，（2）：37-73.

[50] 周其仁. 市场中的企业：人力资本与非人力资本的特别合约. 经济研究，1996（6）：71-79.

[51] 周堂，赖明勇，李靓. 技术与组织管理能力对农业发展的作用机制分析：对我国"农村人力资本陷阱"问题的探讨. 农村经济，2009（4）：121-125.

[52] 周逸先，崔玉平. 农村家庭户主教育程度对家庭生活影响的调查与分析. 清华大学教育研究，2001（2）：109-113.

[53] 朱玲. 政府与农村基本医疗保健保障制度选择. 中国社会科学，2000（4）：89-99.

[54] 朱舟. 人力资本投资的成本收益分析. 上海：上海财经大学出版社，1999.

[55] 诸建芳. 中国人力资本投资的个人收益率研究. 经济研究，1995（12）：55-63.

[56] Acemoglu Daron, Technical change, inequality, and the labor market. Journal of Economic Literature·2001（40），7-72.

[57] Badi Baltagi, Georges Bresson and Alain Pirotte, To Pool or not to Pool? chapter15 in The Economics of Panel Data? Fundamentals and Recent Developments in Theory and Practice, 3rd edition, Kluwer Academic Publishers, Boston, USA, 2007.

[58] Becker, Gary S., Barry R. Chiwick.. Education and the Distribution of Earnings. American Economic Review, Proceedings, 1966, 56：358-369.

[59] Becker, Gary S.. Human Capital：A Theoretical and Empirical Analysis with Special Reference to Education. New York：Columbia University Press, 1964.

[60] Ben-Porath, Yoram. The Production of Human Capital and the Life-cycle of. Earnings. Journalof Political Economy, 1967, 75（4）：352-365.

[61] Bibhas Saha, Subrata Sarkar. Schooling, Informal Experience, and Formal Sector Earnings：a Study of Indian Workers. Review of Development

Economics, 1999. 3（2）：187-199.

［62］ Dean T. Jamison and JacquesVan derGaag. Education and Earnings in the People's Republic of China, Economics of Education Review, Vol-ume 6, Issue 2, 1987：161-166.

［63］ Granger C W J. Investigating Causal Relations by Econometric Models and Cross-Spectral Methods. Econometrica, 1969,（37）：424-438.

［64］ Heckman, James J. , Guilherme Sedkacek. Hererogeneity, Aggregation, and Market Wage Functions：an Empirical Model of Self-selection in the Labor Market. Journal of Political Economy, 1980, 93：1077-112s.

［65］ Heckman, J. J. , Chinas' Investment inHuman Capita, 1 NBER working paper：9296, 2002.

［66］ Johnson, Emily N. , Gregory C. Chow. Rates of Return to Schooling in China. Pacific Economic Review, 1997（2）：101-113.

［67］ Kenneth J. Wolpin. Wage Equations and Education Policy. PIER Working Paper, 2000：1-17.

［68］ Mincer, J.. Human Capital and the Labor Market：a Review of Current Research. Education Researcher, 1989. 18：27-34.

［69］ Mincer, J.. Investment in Human Capital and Personal Income Distribution. Journal of PoliticalEconomy. 1958. 66：281-302.

［70］ Mincer J.. On-the-Job Training：Costs, Returns, and Some Implications. Journal of Phisical Economy, 1962（5）：50-79.

［71］ Parish L. Willian, Xiaoye Zhe and Fang Li. Nonfarm Work and Marketization of the Chinese Countryside, The China Quarterly, No. 143.（Sep. , 1995）：697-730.

［72］ Psacharopoulos, George. Curriculum Diversification in Colombia and Tanzania：an Evaluation. Comparative Education Review, 1985, 29（4）：507-525.

［73］ Psacharopoulos, George. Returns to Education：an Updated International Comparison. Comparative Education, 1981, 17（3）：321-341.

［74］ Robert J. Willis. Wage Determinants：a Survey and Reinterpretation of Human Capital, Handbook of labor Economics, Volume 1 Edited by Ashenfelter and R. Layard Elsevier Science Publishers BV, 1986：525-602.

[75] Schultz, Theodore W.. Reflections on Investment in Man. The Journal of Political Economy, 1962, 70: 1-18.

[76] Schultz, Theodore W.. The Resources for Higher Education: an Economist's View. The Journalof Political Economy. 1968, 76: 327-347.

[77] Schultz, T. The value of ability to deal with disequilibria, Journal of Economic Literature, 1975 (13): 834.

[78] Spence, A. Michael. Job Market Signaling. Quarterly Journal of Economics, 1973, 87: 355-374.

[79] Willis, Robert J., Sherwin Rosen. Education and Self-selection. Journal of Political Economy, 1979, 87: s7-s36.

[80] ZhaoYaohu. Labor Mobility and Migration and Returns To Education in Rural China. Chicago: University of Chicago, 1995.

附录：调查问卷

湖南省农村人力资本培育途径调查表

市：＿＿＿＿＿＿＿＿

县：＿＿＿＿＿＿＿＿

乡：＿＿＿＿＿＿＿＿

村：＿＿＿＿＿＿＿＿

被访问人姓名：＿＿＿＿＿＿＿＿

农户代码：＿＿＿＿＿＿＿＿

电话号码：＿＿＿＿＿＿＿＿＿＿＿＿

调查员姓名：＿＿＿＿＿＿＿＿

调查日期：＿＿＿＿＿＿＿＿

湖南农业大学经济与管理学院

卷首语：加强农村人力资本培育是实现我国人才强国战略目标的客观要求，对于发展现代农业、促进农村经济增长和培育新型农民均具有决定性意义。按照贝克尔、舒尔茨等人的理论研究，人力资本形成的途径主要有正规教育、就业培训、医疗保健和劳动力流动这四方面。由于博士学位论文写作的需要，为了摸清湖南省农村人力资本积累现状，了解湖南省农村人力资本培育的投资主体、决策因素、培育效果等方面内容，特开展此项问卷调查。考虑到对比研究的需要，要选择一定比例的长沙县、华容县、桂阳县、涟源市、花垣县五县农户进行调查，其他区域样本农户按随机原则选取。衷心地感谢您的支持和配合，调研结果仅供科学研究之用，我们的调查不会对您的工作和生活有任何影响，万分感谢！

一、农户家庭基本情况

（说明：1. 家庭成员指全年在家居住时间超过 6 个月的；2. 当年务农指全年干农活时间超过 30 天；3. 收入指总收入，生产性开支应从收入中扣除，而消费性开支不扣。）

1. 家庭成员数（包括子女）以及基本情况

编码	该成员是增还是减的？1＝增；2＝减；3＝没变	与户主的关系	性别	户口类型	年龄	上过几年学（不包括学前班和培训班等）？	是否党员	是否是村干部？	是否参加新型农村合作医疗
		代码	1＝男；2＝女	1＝农；2＝非农；3＝没户口	周岁	年	1＝是；2＝否	1＝是；2＝否	1＝是；2＝否
1									
2									
3									
4									
5									
6									

与户主关系代码：1＝户主；2＝配偶；3＝孩子；4＝孙辈；5＝父母；6＝兄弟姐妹；7＝女婿，儿媳，姐夫，嫂子；8＝公婆，岳父母；9＝亲戚；10＝无亲戚关系

变化编码：1＝出生；2＝死亡；3＝迁移；4＝婚嫁；5＝就学或返家；6＝服

役或复员；7＝丧偶或孤儿；8＝分家；9＝其他

2. 您家庭主业类型是_____ （1＝种植业；2＝畜牧和养殖业；3＝工业和建筑业；4＝商、饮、服和其他行业）

3. 家庭年均纯收入为_____ （5000 以下；5000－100000 元；10000－20000 元；20000－50000 元；50000 元以上）

4. 当年家庭纯收入为_____元，其中，农业收入为_____元，非农收入为_____元。

5. 您家劳动力数为_____，另外，年外请劳动力数为_____。

6. 您家耕地面积为_____亩，林地面积为_____亩，水产养殖面积为_____亩，其他面积为_____亩。

7. 样本村有哪些专业合作经济组织？_____。您家是否加入了某个专业合作组织？_____ （1＝是；0＝不是）

8. 您家与各种机构和公共设施的距离（单位：公里）

机 构	最近的集市	学校	乡政府	信用社	乡卫生院	农资销售部门	乡镇企业（龙头企业）	村委会	农家书屋	农村剧院
距 离										

9. 政府举办的各类培训活动是在上述哪类机构中举办的？ （多选）
_____

10. 样本村是否有医疗点？_____ （1＝有；0＝没有）

11. 样本村是否是新型农村合作医疗覆盖村？_____ （1＝是；0＝不是）

12. 样本村是否是新型农村养老保险试点村？_____ （1＝是；0＝不是）

二、农户子女正规教育情况

（说明：正规教育是指在国家正式教育系列的中小学、大中专院校接受教育。失学，是指学生失去上学机会或中途退学。本研究专指义务教育阶段的失学，包括两个方面：一是根本未接受小学或初中阶段的教育；二是中途因故停止上学，即通常所说的辍学。）

13. 子女失学原因（选择失学原因的同时，对失学原因分别填列 1、2、3、4、5 进行排序）

子女总数 _____ 失学子女数 _____	交不起上学费用	家里需要帮手	上几年学就够用了	上不上学差不多	子女不想上学	其他原因 _____
失学子女 1						
失学子女 2						
失学子女 3						
失学子女 4						

14. 如果您家庭收入仅够提供一个子女上学，请问您是选择您的女儿还是儿子上学？_____ （1＝儿子 0＝女儿）

做这种选择的原因是 _____

15. 请您详细谈谈"上几年学就够用了"的深层次认识。_____

16. 请您详细谈谈"上不上学差不多"的深层次认识。_____

17. 样本村是否有通过读书考取大中专院校走出农村的子女？_____
（1＝有；0＝没有）

三、农户参加技术培训情况

（说明：这种培训既包括由当地政府、企业或农民专业合作经济组织举办的专题培训班或农民技术学校，也包括农户参加的一些非正式的培训活动。比如，农户在家中系统地收看中央台第七套节目中的农业科普节目）

18. 对农业技术的熟悉程度（在相应栏划√）

技术类别	比较了解	一般了解	不太了解	一点不了解
水稻抛秧技术				
农药的安全使用程序				

19. **农机使用的熟练程度（在相应栏划√）**

农机类别	比较熟练	一般熟练	不会使用
耕整机			
农用水泵			
收割机			

20. 农户技术选择行为的依据（在相应栏划√）

技术行为	习惯	当年行情	政府指令	看邻居	其他
选择农作物品种					
购买某种农用机械					
是否采用抛秧技术					

21. 您是否参加过农业技术培训（无论何种形式何种内容）？ _____
（1＝有；0＝没有）

如果选择"有"，请问是不是政府、企业或专业合作社组织的正规培训班？（1＝是；0＝不是）

22. 您参加过的培训活动，包括下列哪种形式？ _____

1＝政府、企业、专业合作社组织的正规培训班；

2＝自学技术宣传资料；

3＝系统地观看农业技术推广电视节目；

4＝专业人员（如农机销售人员）在田间现场指导；

5＝其他

您最喜欢的培训方式是 _____

23. 您所接受过的培训内容包括如下哪些方面？（可多选） _____

1＝种植业技术　　　　2＝养殖业技术　　　　3＝非农技术

4＝农产品销售知识　　5＝其他内容

24. 您希望通过培训获得哪些方面的知识？（可多选） _____

1＝农业技术　　　　　2＝非农技能　　　　　3＝营销知识

4＝法律知识　　　　　5＝乡风礼仪　　　　　6＝其他内容

25. 您希望通过培训获得哪些方面的农业技术知识？（可多选） _____

1＝土壤配方　　　　　2＝动物养殖　　　　　3＝果蔬栽培

4＝节水灌溉　　　　　5＝农机使用　　　　　6＝疫情防治

7＝生态农业　　　　　8＝育苗抛秧　　　　　9＝虫害防治

10＝其他技术

26. 您获取培训信息的渠道包括？（可多选） _____

1＝乡镇政府通知　　　2＝企业公告

3＝专业合作社告知　　　　4＝村委会广播

5＝知情人（在外务工人员、邻居、子女等）告知

6＝其他

27. 影响您是否参加培训的因素包括哪些？（可多选）＿＿＿＿＿＿＿＿

1＝是否有时间　　　　2＝培训实用性　　　　3＝技术需求度

4＝培训场所离家远近　　5＝是否要交培训费　　6＝文化程度

28. 您认为这种技术培训实用性如何？＿＿＿＿＿＿（1＝无；2＝一般；3＝很大）

29. 如果是农闲时节，不需缴纳培训费用，培训地点就在样本村，您是否愿意参加技术培训？＿＿＿＿＿＿

1＝是　　　　　　　　2＝否　　　　　　　　3＝视情况而定

30.（询问样本村干部）当地政府是否组织过技术培训？＿＿＿＿＿＿（1＝有；0＝没有）

举办类似活动，是否获得了上级部门的资金支持或补贴？＿＿＿＿＿＿（1＝是；0＝否）

四、农户外出务工情况

（说明："务工"界定为工作时间至少90天并获取非农工资收入的行为。"外出务工"意指在本县（市）其他乡镇务工或是在外县（市）或外省从事非农活动。）

31. 户主或其配偶是否外出务工？＿＿＿＿＿＿（1＝是；0＝否）

若选择"是"，请问是在＿＿＿＿＿＿务工？（1＝本县（市）其他乡镇；2＝本省外县（市）；3＝外省）

外出务工期间，年均回家探亲次数为＿＿＿＿＿＿，主要目的是＿＿＿＿＿＿

＿＿＿＿＿＿＿＿＿＿＿＿＿＿＿＿＿＿＿＿＿＿＿＿＿＿＿＿＿＿＿＿＿＿。

外出务工的时间选择＿＿＿＿＿＿？（1＝春节过后；2＝元宵节过后；3＝双抢之后；4＝其他任何时候）

32. 家庭学龄前儿童数（1岁以上，6岁以下的儿童人数）＿＿＿＿＿＿；就读子女数＿＿＿＿＿＿；

需赡养老人数（60岁以上男性、55岁以上女性的人数）＿＿＿＿＿＿。

33. 如果不外出务工，本地务农的收入是否足够应付家庭运转开支？＿＿＿＿＿＿（1＝是；0＝否）

34. 您家在当地的富裕程度为＿＿＿＿＿＿？（1＝低；2＝中；3＝高）

35. 样本村务农的年收入为＿＿＿＿＿＿元，由此推算日收入为＿＿＿＿＿＿元。样本村兼业务工的日收入为＿＿＿＿＿＿元。

在本县（市）其他乡镇务工的年收入为＿＿＿＿＿＿元。在本省外县（市）务工的年收入为＿＿＿＿＿＿元。在外省务工的年收入为＿＿＿＿＿＿元。

36. 您家是否有亲戚在外地？＿＿＿＿＿＿（1＝是；0＝否）

同村或附近村庄是否有外出务工者？＿＿＿＿＿＿（1＝是；0＝否）

37. 您从哪里获取的外地用工信息？（可多选）＿＿＿＿＿＿

1＝外地亲戚　　　　　2＝同乡好友　　　　　3＝新闻媒体

4＝当地劳务部门　　　5＝村委会　　　　　　6＝其他

38. 本乡镇是否有乡镇企业或龙头企业？（1＝是；0＝否）。该企业是否有用工需求？＿＿＿＿＿＿（1＝是；0＝否）。为什么不能在本地务工？＿＿＿＿＿＿

＿＿＿＿＿＿＿＿＿＿＿＿＿＿＿＿＿＿＿＿＿＿＿＿＿＿＿＿＿＿＿＿＿＿＿

39. 影响您是否外出务工决策的因素包括哪些？（可多选）＿＿＿＿＿＿

1＝外地务工收入相对较高　　　2＝家庭运转所需要开支压力

3＝家庭致富需要　　　　　　　4＝老人和子女留守带来的顾虑

5＝外出务工可学习一技之长　　6＝其他

40. 您（今年，若调查时间为春节期间）明年的打算是？＿＿＿＿＿＿

1＝在本地务农或兼业　　　2＝回乡创业　　　3＝本县（市）其他乡镇务工

4＝本省外县（市）务工　　5＝外省务工

五、农民医疗卫生投入情况

（说明：从新型农村合作医疗的视角，研究农户在医疗卫生方面的投入力度。湖南省新农合试点工作始于 2003 年 7 月，选择了长沙县、华容县、桂阳县、涟源市、花垣县作为首批试点县，后来逐年增加试点县（市），到 2010年已覆盖全省所有县（市）。为了深入研究新农合开展九年以来的情况，将上述 5 个县作为首批试点县，其他县作为对照县，通过对比研究进而了解新农合对农民医疗卫生投入的影响）

41. 您家是否有资格参加新型农村合作医疗？＿＿＿＿＿＿（1＝有；0＝没有）

您家是否参加了新型农村合作医疗？＿＿＿＿＿＿（1＝是；0＝否）

42. 您本人是否有资格参加新型农村合作医疗？＿＿＿＿＿＿（1＝有；0＝没有）

您本人是否参加了新型农村合作医疗？＿＿＿＿＿＿（1＝是；0＝否）

43. 您本人参与了哪些医疗保险？（可多选）＿＿＿＿＿＿

1＝新型农村合作医疗　　　　2＝当地非新型合作医疗

3＝各种社会医疗保险　　　　4＝纯商业保险

5＝无保险　6＝不详＿＿＿＿＿＿

44. 请您对自己的健康状况进行评价＿＿＿＿＿＿＿。（1＝好；2＝一般；3＝差）

您家中是否有慢性疾病患者＿＿＿＿＿＿＿。（1＝是；0＝否）

若曾出现急性病患者，患者当时感觉病情＿＿＿＿＿＿＿。（1＝不严重；2＝一般；3＝严重；4＝说不好）

45. 去年（2017年），您家庭总支出为＿＿＿＿＿＿＿元；其中，生活消费支出为＿＿＿＿＿＿＿元，医疗卫生支出为＿＿＿＿＿＿＿元。

46. 去年（2017年），您两周就诊次数为＿＿＿＿＿＿＿次？全年住院次数为＿＿＿＿＿＿＿次？其中，因分娩住院次数为＿＿＿＿＿＿＿次？

47. 一般来说，身体感觉到明显不适后，您在多长时间之后会去医院就诊？＿＿＿＿＿＿＿（1＝两周之内；2＝两周之后）

如果医生建议您住院治疗，您通常会选择＿＿＿＿＿＿＿？（1＝住院治疗；2＝回家服药；3＝不治疗）

48. 去年（2017年），全年看门诊次数为＿＿＿＿＿＿＿次，全年门诊费用总计为＿＿＿＿＿＿＿元。

去年（2017年），全年住院次数为＿＿＿＿＿＿＿次，全年住院费用总计为＿＿＿＿＿＿＿元。

其中，因分娩原因的门诊次数＿＿＿＿＿＿＿次，门诊费用为＿＿＿＿＿＿＿元；住院次数为＿＿＿＿＿＿＿次，住院费用为＿＿＿＿＿＿＿元。

49. 2009年新型农村合作医疗对您家庭就诊的补偿情况

医疗卫生费用总计（元）	补大病住院	门诊大额	门诊统筹	门诊账户

50. 您认为新型农村合作医疗哪种补偿模式最好？

1＝只补大病住院　　　　2＝门诊大额

3＝门诊统筹　　　　　　4＝门诊账户

51. 您觉得参合是否降低了您家庭的医疗成本？＿＿＿＿＿＿＿（1＝是；2＝否；3＝说不清）

如果选择"否"，原因是：＿＿＿＿＿＿＿＿＿＿＿＿＿＿＿＿

52. 您觉得当前农民医疗负担情况是否有所减弱？_____ （1＝是；2＝否；3＝说不清）

如果选择"否"，原因是：_____

_____

53. 您对改进新型农村合作医疗工作有哪些建议？

_____

_____

六、总结性问题

54. 您觉得，相对于 5 年前而言，农民的身体健康状况（预期寿命）是否有改善？_____ （1＝是；0＝否）

如果选择"否"，原因是_____

_____

55. 您觉得，相对于 5 年前而言，农民对现代农业生产技术的掌握程度是否有提高？_____ （1＝是；0＝否）

如果选择"否"，原因是_____

_____

56. 您觉得，相对于 5 年前而言，农民外出务工的比例是否有所提高？_____ （1＝是；0＝否）

如果选择"否"，原因是_____

_____

57. 您觉得，相对于 5 年前而言，农家子女受教育程度是否有所提高？_____ （1＝是；0＝否）

如果选择"否"，原因是_____

_____

58. 国家提出要培育新型农民，建设现代农业。请您谈谈如何培养新型农民？

_____

_____

请调查员对此份问卷信息的可靠性进行评估：_____

A. 不可靠　　　　　B. 基本可靠　　　　　C. 完全可靠